J'entraîne mon chien au clicker

Catalogage avant publication de Bibliothèque et Archives Canada

Pryor, Karen
J'entraîne mon chien au clicker

(Des animaux et des hommes)
Traduction de: Clicker training for dogs.

1. Chiens – Mœurs et comportement.
2. Clicker training (Dressage des animaux).
3. Chiens – Dressage. I. titre. II. Collection.

SF433.P78814 2005 636.7'0887 C2005-941019-1

Pour en savoir davantage sur nos publications,
visitez notre site : **www.edjour.com**
Autres sites à visiter : www.edhomme.com
www.edtypo.com • www.edvlb.com
www.edhexagone.com • www.edutilis.com

09-05

L'ouvrage original a été publié
par Sunshine Books, Inc.
sous le titre *Clicker Training for Dogs*

Dépôt légal : 3e trimestre 2005
Bibliothèque nationale du Québec

ISBN 2-8904-4743-X

DISTRIBUTEURS EXCLUSIFS :

- Pour le Canada et les États-Unis :
  MESSAGERIES ADP*
  955, rue Amherst
  Montréal, Québec H2L 3K4
  Tél. : (514) 523-1182
  Télécopieur : (450) 674-6237
  * Filiale de Sogides ltée

- Pour la France et les autres pays :
  INTERFORUM
  Immeuble Paryseine, 3, Allée de la Seine
  94854 Ivry Cedex
  Tél. : 01 49 59 11 89/91
  Télécopieur : 01 49 59 11 96
  Commandes : Tél. : 02 38 32 71 00
  Télécopieur : 02 38 32 71 28

- Pour la Suisse :
  INTERFORUM SUISSE
  Case postale 69 - 1701 Fribourg - Suisse
  Tél. : (41-26) 460-80-60
  Télécopieur : (41-26) 460-80-68
  Internet : www.havas.ch
  Email : office@havas.ch
  DISTRIBUTION : OLF SA
  Z.I. 3, Corminbœuf
  Case postale 1061
  CH-1701 FRIBOURG
  Commandes : Tél. : (41-26) 467-53-33
  Télécopieur : (41-26) 467-54-66
  Email : commande@ofl.ch

- Pour la Belgique et le Luxembourg :
  INTERFORUM BENELUX
  Boulevard de l'Europe 117
  B-1301 Wavre
  Tél. : (010) 42-03-20
  Télécopieur : (010) 41-20-24
  http ://www.vups.be
  Email : info@vups.be

Gouvernement du Québec – Programme de crédit d'impôt pour l'édition de livres – Gestion SODEC – www.sodec.gouv.qc.ca

L'Éditeur bénéficie du soutien de la Société de développement des entreprises culturelles du Québec pour son programme d'édition.

Nous reconnaissons l'aide financière du gouvernement du Canada par l'entremise du Programme d'aide au développement de l'industrie de l'édition (PADIÉ) pour nos activités d'édition.

Karen Pryor

J'entraîne mon chien au clicker

Traduit et adapté de l'anglais
par Georges-Henri Arenstein et Julie Martella

le jour, éditeur

COLLECTION GUIDE PAS BÊTE

AVANT-PROPOS

Soyez les bienvenus dans le monde de l'entraînement au clicker. Cette forme d'entraînement destiné aux animaux n'est pas une invention farfelue, mais repose sur un système de renforcement positif et sur ce qu'on appelle le « conditionnement opérant ». Il s'agit d'un ensemble de principes scientifiques grâce auxquels on peut inculquer ou modifier chez l'animal un comportement quelconque. Dans l'entraînement au clicker, c'est l'animal qui agit sur son environnement, et non l'inverse.

Le « conditionnement opérant » repose sur le principe suivant lequel les animaux acquièrent librement des apprentissages dans leur milieu naturel, mais aussi en captivité. Par exemple, le potentiel d'apprentissage d'un chien est immense. Nous verrons que les entraîneurs qui utilisent le clicker peuvent enseigner des comportements bien définis aux chiens policiers, aux chiens de travail (par exemple les chiens d'aveugles), aux chiots (même avant le sevrage), aux chiens de compétitions sportives, aux chiens de chasse, aux chiens d'exposition et aux chiens de compagnie qui apprennent les « bonnes manières ».

L'entraînement au clicker

Cette méthode, qui est littéralement un nouveau moyen de communication, ne dépend ni du clicker proprement dit ni des récompenses alimentaires, mais des renforçateurs ; ceux-ci comprennent tout ce que le chien aime (jouets, caresses, etc.). Il faut cependant que le renforçateur soit présenté à un moment précis et de telle manière que l'entraîneur et l'animal se comprennent parfaitement bien. On commence toujours l'entraînement avec les récompenses alimentaires et le clicker, car ce sont d'excellents outils d'apprentissage.

Tout ce que vous souhaitez inculquer à votre chien peut lui être enseigné au moyen du conditionnement opérant. Après que le chien aura compris ce que vous attendez de lui, vous pourrez remplacer le clic par un mot, et la récompense alimentaire par une caresse. Mots et caresses sont des outils dont vous disposez en permanence.

Dès que votre chien a acquis un comportement grâce au clicker, il le retiendra toujours, à moins que vous ne le modifiiez à nouveau. Lorsqu'il maîtrisera plusieurs comportements, vous n'aurez plus à cliquer ou à le féliciter chaque fois : vous n'aurez qu'à renforcer une seule fois le registre comportemental désiré. Après un certain temps, vous n'aurez plus à sortir votre clicker que pour raffiner l'exécution d'un comportement ou pour enseigner à votre chien un comportement nouveau, ou tout simplement pour avoir du plaisir avec lui. L'entraînement au clicker doit être amusant pour vous deux.

Par quoi devez-vous commencer ? Les éducateurs canins expérimentés avec le clicker peuvent vous enseigner les rudiments en quelques minutes, mais ils sont rares. Vous devez donc apprendre par vous-même. Cet ouvrage a été conçu pour vous permettre de mener à bien vos premières séances d'enseignement au clicker. Dès que vous aurez enseigné à votre chien le plus modeste des comportements à l'aide de cet instrument, vous découvrirez que quelques livres et vidéos sur le sujet vous seront utiles. Certaines ressources, comme les sites Internet, sont gratuites. De plus, à mesure que vous vous améliorerez avec le clicker, vous pourrez aider les autres propriétaires d'animaux. Surtout, amusez-vous ! Il s'agit d'un domaine où la créativité et la contribution de chacun sont nécessaires.

Chapitre 1
UN ENTRAÎNEMENT SANS PUNITION

Les chiens et les dauphins à l'entraînement

Si vous avez vu des spectacles de dauphins en aquarium ou à la télévision, vous avez constaté que ces animaux se laissent domestiquer assez facilement. Sur ordre de leur entraîneur, ils exécutent toutes sortes de mouvements précis, des acrobaties remarquables, et ils interagissent avec d'autres dauphins ou avec des humains. Le public s'émerveille devant leurs prouesses et leur intelligence. Si notre chien pouvait nous obéir ainsi !

Nous, les entraîneurs de dauphins, le savons bien : ces animaux ne sont pas vraiment des génies, pas plus que les entraîneurs d'ailleurs. L'agilité des dauphins, leur rigueur, le plaisir qu'ils éprouvent à travailler, tout cela dépend des techniques d'entraînement. Les mêmes techniques peuvent être employées avec les chiens.

Les punitions ne sont pas nécessaires

La première chose qu'il faut comprendre dans l'entraînement des dauphins est que nous travaillons avec des animaux que nous ne pouvons pas punir. Par exemple, si le dauphin nous éclabousse délibérément de la tête aux pieds, nous ne pouvons pas répliquer. Nous ne pouvons utiliser ni laisse ni fouet avec un animal qui s'échappe à la nage. Il n'est pas question non plus d'affamer un dauphin pour le forcer à collaborer : si nous le privons de poissons, il se déshydratera rapidement, perdra l'appétit et mourra. Nous ne pouvons même pas élever le ton, car les dauphins sont indifférents à nos cris.

Peut-être pensez-vous : « Je parie que je pourrais tout de même trouver une façon de punir un dauphin. » Et je parie que vous y arriverez, mais la chose est dénuée d'intérêt, car les entraîneurs n'ont pas besoin d'infliger des punitions : ils peuvent obtenir d'un dauphin le comportement qu'ils désirent en utilisant uniquement le renforcement positif, la plupart du temps grâce à un coup de sifflet et quelques poissons. Nous avons recours à un commandement précis pour déclencher une réponse rapide et correcte, donc une obéissance optimale. Nous pouvons même utiliser le renforcement positif pour modifier le comportement d'un animal ou pour limiter le nombre de ses erreurs (comme une attaque contre un congénère ou un refus d'obstacle). L'usage approprié du renforcement positif amène l'animal à travailler de façon impeccable et avec plaisir.

La méthode à laquelle nous recourons, hélas, trop souvent pour entraîner les chiens consiste à utiliser la contrainte ou la force, à la fois pour inculquer au chien le comportement souhaitable et pour le corriger quand il commet une erreur. Bien que nous puissions utiliser les compliments et les caresses, le chien fera inévitablement l'expérience de la confusion, de la peur, voire de la douleur physique au cours de l'entraînement. Certains chiens peuvent tolérer assez bien ces expériences négatives, mais les animaux sauvages comme les dauphins ne les supportent pas. Si nous entraînions un dauphin par la contrainte, celui-ci apprendrait peut-être sa leçon, mais il serait peu fiable et ses performances seraient erratiques. En outre, il serait probablement agressif envers les humains. Cela ressemble beaucoup au comportement de certains chiens…

Ainsi, si vous utilisez le renforcement positif pour entraîner un chien comme nous entraînons les dauphins, le chien imitera le dauphin : il sera enclin à collaborer, à demeurer attentif et à accomplir ses performances avec soin. Voici comment procéder.

Le signal magique : agent de renforcement secondaire ou conditionnel

Lorsque je discute avec des entraîneurs canins, il m'arrive d'entendre cette vieille idée : un renforçateur positif est synonyme de nourriture. C'est une erreur. L'élément crucial pour obtenir d'un dauphin le comportement désiré n'est pas la récompense alimentaire : le dauphin ne travaille pas pour le poisson, mais pour le coup de sifflet. Le coup de sifflet lui-même est la récompense magique suite à une performance réussie.

La première étape consiste à enseigner au dauphin qu'il aura un poisson chaque fois qu'il entendra un coup de sifflet. Une fois que l'animal associe le coup de sifflet à cette récompense, l'entraîneur peut alors utiliser cette méthode pour lui inculquer n'importe quel comportement, même les plus complexes, à la suite d'un commandement spécifique.

Par exemple, supposons qu'après quelques séances le dauphin ait associé le coup de sifflet au poisson, et ce, au moment où il saute hors de l'eau. Bientôt, il se mettra à sauter chaque fois que l'entraîneur apparaîtra. Dès lors, on peut faire comprendre au dauphin que cette équation (un saut = un poisson) n'est valide que lorsque l'entraîneur lève le bras. C'est ainsi qu'on met au point les signaux qui déclenchent les comportements souhaités.

L'entraîneur peut graduellement imposer d'autres modalités : le dauphin obtient une récompense quand il saute loin de l'entraîneur ; puis face au public ; puis quand il atteint une certaine hauteur ; puis quand il s'exécute trois secondes après le signal. À la fin de quelques séances d'entraînement, le maître a enseigné au dauphin à saluer le public, sur commande, et avec rigueur. Le dauphin croit lui aussi avoir enseigné quelque chose à son professeur : « Tout ce que j'ai à faire, c'est de sauter d'une certaine façon trois secondes après qu'il a levé le bras. Chaque fois que je le fais, il siffle et me donne un poisson ! »

Notez que le coup de sifflet n'est pas utilisé en guise de commandement (et n'est donc pas un stimulus) : c'est le geste de la main qui déclenche tout. Le coup de sifflet indique que l'entraîneur est satisfait et que le dauphin mérite un poisson. Cela dit, on peut aussi offrir une caresse, un jouet, etc.

Le coup de sifflet est maintenant devenu un *agent de renforcement secondaire* (ou conditionnel). Dans le jargon de l'approche béhavioriste en psychologie, la nourriture, les caresses ou toute autre gratification est un *agent de renforcement primaire* (ou inconditionnel), quelque chose que l'animal voudrait, même sans entraînement. Le coup de sifflet, lui, est un élément que l'animal a appris à désirer.

Certaines personnes utilisent l'expression « agent de renforcement primaire » pour désigner la nourriture ; et l'expression « agent de renforcement secondaire » pour désigner le signal ou le commandement. J'évite cela, car on risque de croire que, si le coup de sifflet est « secondaire », il devrait se produire *après* la présentation de la nourriture, ce qui ne créerait pas d'association chez l'animal et serait donc inutile.

Pourquoi l'agent de renforcement secondaire est-il si important ?

Qu'arriverait-il si l'on essayait d'entraîner un dauphin à faire un saut simple, en s'éloignant, sur commande, mais sans coup de sifflet ? Premièrement, on ne pourrait pas faire correspondre l'arrivée du poisson dans la gueule du dauphin avec sa position dans les airs. Ainsi, peu importe la qualité de son saut, l'animal recevrait le poisson trop tard ou ne le recevrait pas du tout. Il n'aurait aucun moyen de savoir pourquoi on a récompensé les sauts précédents, mais pas celui-ci. Il n'aurait aucun moyen de savoir ce qu'on a aimé de ses sauts. La hauteur ? La montée ? La chute ? Pour apprendre à l'animal à faire un saut d'une hauteur précise, à un moment précis et dans une direction précise, on doit éliminer toute possibilité de confusion qui risquerait de se produire lors d'un simple processus d'apprentissage par essais et erreurs réparti sur de nombreuses séances. En outre, l'animal se démotiverait sans doute, par ennui, avant d'avoir mis au point sa performance.

Si un entraîneur ignore tout ce qui précède et utilise des renforçateurs alimentaires sans agent de renforcement secondaire, il obtiendra de son animal une performance correcte (pourvu que ce dernier ait faim) ; cependant, celui-ci apprendra lentement. Nous avons observé ce phénomène chez des chiens qui furent récompensés avec beaucoup de friandises, mais sans bien savoir pourquoi. Ces chiens sont enthousiastes et amicaux, mais ils ne peuvent pas faire grand-chose correctement. De plus, quand un entraîneur utilise un renforçateur alimentaire sans agent de renforcement secondaire, l'animal est porté à se tourner constamment vers lui pour quêter sa nourriture. Les chevaux sentent vos poches, les chiens lèchent vos mains, et les dauphins s'attardent à la plateforme et lorgnent le seau de poissons. Il est très difficile de convaincre un animal qui regarde constamment son entraîneur de faire face au public.

Une fois que vous avez introduit l'agent de renforcement secondaire, vous pouvez provoquer sans difficulté des comportements qui se déroulent loin de vous ou que l'animal doit exécuter alors qu'il vous tourne le dos. C'est ainsi que l'animal bien conditionné, au lieu de fouiner à la recherche d'une friandise, fera ce qu'on attend de lui et sera toujours à l'écoute du « signal magique », et ce, quoi qu'il fasse. Avec les chevaux et les chiens, ce comportement est pour l'entraîneur un atout précieux.

Un agent de renforcement secondaire tel que le coup de sifflet permet, instantanément, de commander à l'animal n'importe quel comportement acquis. Par exemple, un dauphin sait « sauter en regardant par ici » quand vous lui en donnez l'ordre. Vous pourrez ensuite, si vous le désirez, raffiner son comportement. Si vous décidez de ne récompenser que les sauts les plus hauts, le dauphin apprendra vite cet élément supplémentaire : « Je dois sauter très haut en regardant mon entraîneur. »

Ce processus, réalisé par étapes, peut sembler lourd, mais en pratique c'est une méthode rapide et sûre pour inculquer au chien un comportement complexe. Même un dauphin non entraîné peut apprendre, en deux ou trois jours, un comportement difficile tel qu'une salutation au public. Il arrive qu'on obtienne des résultats en une seule séance, voire en une dizaine de minutes. Il ne reste plus alors qu'à peaufiner ces mouvements pour obtenir un résultat encore plus impressionnant.

Et les chiens ?

Les techniques décrites plus haut sont valables pour les chiens, c'est-à-dire qu'on peut utiliser un agent de renforcement secondaire (ou conditionnel) en une seule séance de dix minutes. Comme certains chiens ont peur des coups de sifflet, un bon renforcement conditionnel peut être le clicker, une sorte de jouet pour enfant qui fait « clic – clac ! » quand on appuie le pouce sur la lamelle flexible. On peut trouver les clickers dans certains magasins de jouets et chez certains éducateurs canins. Vous pouvez aussi utiliser, en guise de signal, une agrafeuse ou un stylo à pointe rétractable.

Munissez-vous de votre clicker et de quelques friandises, soit une vingtaine de petites bouchées. Certains chiens vont travailler fort pour des miettes, surtout si la séance se déroule juste avant l'heure du repas. Mais peut-être aurez-vous besoin de lui offrir quelque chose de plus appétissant. Lorsque je travaille avec des chiens capricieux, j'utilise généralement du poulet cuit découpé en dés. Pour enseigner à votre chien la signification du clic, actionnez le clicker tout en lui offrant des friandises, quatre ou cinq fois d'affilée. Répétez cette procédure dans différents endroits de la pièce et dehors. Vous ne voulez pas que votre chien croie que cela ne fonctionne qu'en un seul lieu.

Ensuite, actionnez le clicker, mais retardez la remise de la friandise. Si votre chien s'active et fouille pour la trouver, c'est que le clic fait maintenant office d'agent de renforcement conditionnel. Vous êtes donc prêt à façonner le comportement de votre chien.

On peut enseigner facilement à un chien à courir après sa queue sur commande. Bien entendu, il y a autant de méthodes qu'il y a d'entraîneurs. Vous pouvez faire tourner votre chien sur lui-même vers la droite en le conduisant par son collier, puis vous pouvez enduire le bout de sa queue de gras de porc pour l'inciter à la lécher. Une autre méthode consiste à enseigner au chien que le clic équivaut à une friandise, puis vous cessez de cliquer et vous attendez. Votre chien sera intrigué ou excité. Si vous ne faites rien, il circulera autour de vous et peut-être gémira-t-il ou aboiera-t-il. Ignorez-le, mais, au moment où il se tournera légèrement vers la droite, cliquez et donnez la friandise. Puis, attendez un moment. Ignorez tout ce que le chien fait, sauf s'il se tourne vers la droite. Ne vous attendez pas à un miracle : un léger mouvement de la tête vers la droite ou un simple pas latéral sont les comportements probables. Si le chien fait ces mouvements et si votre synchronisme est bon (clic et friandise), au bout de trois ou quatre reprises vous verrez votre chien tourner sur lui-même vers la droite. Ensuite, ne renforcez plus un seul pas vers la droite, mais seulement les quarts de tour. Peu après, le chien devrait exécuter un tour complet. C'est le moment de mettre fin à cette première séance : la règle d'or est d'arrêter après un succès. Rangez votre clicker et caressez votre chien à profusion. Dès le lendemain, recommencez les mêmes étapes, d'abord par un pas vers la droite, puis un quart de tour, et ainsi de suite. Le chien en arrivera à faire un tour complet sur lui-même beaucoup plus rapidement que lors de la première séance.

Après avoir obtenu un tour, vous devrez obtenir deux tours complets. L'étape suivante, la plus importante, consiste à récompenser (clic et friandise) tantôt un demi-tour, tantôt deux tours, tantôt un seul, tantôt trois tours complets, tantôt un tour et quart. Ainsi, le chien reste dans l'incertitude et voilà pourquoi il se mettra à tourner de plus en plus vite. Vous amenez ainsi, sur commande, votre chien à courir en rond.

Il s'agit là d'une technique assez simple, mais il y a bien d'autres comportements plus sophistiqués que vous pouvez inculquer à votre chien. Par exemple, toucher du museau un objet quelconque. Le but n'est pas de montrer un tour d'adresse à votre chien, mais d'apprendre à bien utiliser un agent de renforcement conditionnel pour inculquer un comportement à l'animal.

Pourquoi utiliser un clicker ? Pourquoi ne pas simplement utiliser la voix et l'expression « Bon chien ! » ? Parce que vous ne pouvez pas renforcer le comportement de votre chien avec autant de précision avec la voix qu'en cliquant à la seconde près. Grâce au clicker et avec un minimum d'entraînement, vous pourrez renforcer des comportements par approximations successives (par exemple une patte se dirigeant vers la droite), à l'instant exact où ils se produisent. Pour ce faire, le clicker est plus précis que la voix.

L'autre difficulté avec l'utilisation de la voix dans une séance d'entraînement est que nous parlons à notre chien dans d'autres circonstances. Il est donc difficile pour lui d'identifier les mots significatifs et spécifiques à l'entraînement parmi toutes les paroles que nous prononçons et les bruits que nous faisons. Le son du clicker, par contre, est tout à fait singulier et toujours pareil à lui-même et sa signification est toujours identique. D'ailleurs, vous allez vite constater la qualité des réactions d'un chien conditionné avec le clicker (attention soutenue, vigilance accrue, concentration intense). Alors que, avec le « Bon chien ! », vous n'obtiendriez que des regards interrogatifs, des expressions de surprise, un mouvement joyeux de la queue…

L'utilisation d'un agent de renforcement conditionnel dans le quotidien

Certains éducateurs canins affirment que le clicker est bon pour enseigner des trucs au chien, mais pas pour autre chose. Ou qu'il n'est pas possible de l'utiliser pour l'entraînement à l'obéissance. C'est exact, mais le clicker permet de façonner un nouveau comportement ou de raffiner certains aspects d'un comportement. Il n'est pas pertinent de l'utiliser dans le contexte d'un registre comportemental déjà connu de l'animal.

Même avec un chien de travail qui serait un champion accompli, l'agent de renforcement conditionnel peut être un outil d'entraînement utile. Un participant dans un concours m'expliquait qu'il avait enseigné à son doberman femelle à travailler avec le clicker pour ensuite lui montrer à le regarder droit dans les yeux pendant qu'elle travaille. Tout se passe comme si la chienne était reconnaissante envers son maître d'avoir bien exprimé ce qu'il voulait. Toute forme d'hésitation semble avoir disparu chez elle. Bien entendu, dès que la chienne eut tout compris, elle se mit à s'exécuter correctement en lice, sans clicker.

Ne croyez pas, cependant, que les compétiteurs n'utilisent jamais d'agent de renforcement conditionnel dans la salle d'entraînement. Tout ce que l'entraîneur doit faire, c'est donner un signal précis que seul le chien reconnaît et que personne d'autre ne remarque.

Je connais un éducateur canin très subtil qui se sert d'un reniflement à peine audible en guise d'agent de renforcement conditionnel. J'ai aussi vu un participant remplacer le compliment « Beau travail ! » par un simple toucher du doigt sur la tête de l'animal. Un autre a enseigné à son chien que les friandises s'appellent « Billy ». Ainsi, quand le chien est en pleine action dans la salle d'entraînement, le maître peut renforcer un comportement particulièrement approprié avec ce qui semble être un ordre : « Billy, au pied ! » Personne ne se demande pourquoi il n'utilise jamais le nom habituel du chien.

Une fois qu'un comportement est assimilé, l'utilisation d'un agent de renforcement conditionnel vous permet non seulement de retarder le don d'une friandise sans courir le risque de constater un affaiblissement de la performance du chien, mais aussi de distribuer des friandises en plus petite quantité. Ainsi, vous n'avez pas à craindre que votre animal ne s'empiffre durant la séance d'entraînement. Par ailleurs, lors des démonstrations d'obéissance, j'ai souvent vu des maîtres nourrir plusieurs fois leur chien pour obtenir une meilleure posture ou une allure plus vive. Chaque fois que j'observe ce gavage, j'en conclus que le maître ignore les nuances dans les principes du renforcement. Il serait plus efficace d'inculquer la posture au chien en lui donnant un indice (« 'ten-TION ! ») pour ensuite lui signifier, à l'aide d'un clic, qu'il a adopté la bonne position et l'a maintenue suffisamment longtemps. La récompense sera donnée plus tard, hors de la salle, ou quand le juge se sera éloigné.

La caractéristique principale d'un agent de renforcement conditionnel est son efficacité. Il transmet une information à l'animal et influence son comportement, et ce, dans toutes sortes de situations où l'utilisation d'un renforcement simple est impossible. Il serait par exemple très pertinent d'utiliser un agent de renforcement conditionnel pour entraîner un chien à la discrimination olfactive, au pistage, à de longues minutes en position assise ou couchée, à l'obéissance à des « Va chercher ! », au pointage, au rapport du gibier, et à tout autre comportement qui oblige l'animal à s'éloigner de son maître.

Le contrôle des comportements indésirables à l'aide du renforcement positif

L'idée de modifier un comportement indésirable à l'aide d'un renforcement positif et non d'une punition peut sembler paradoxale, mais les entraîneurs de dauphins connaissent bien cette procédure. En voici trois exemples.

Choisir un agent de renforcement négatif conditionnel

Cet agent de renforcement ne constitue pas un avertissement comme : « Attention, je vais te battre. » (Quoique vous pourriez choisir celui-là aussi.) Il indique plutôt à l'animal que, quel que soit son comportement, il ne sera pas renforcé. Ainsi, l'animal apprend graduellement que, lorsqu'il reçoit ce message, il doit changer ce qu'il est en train de faire. Vous pouvez utiliser un tel avertissement pour montrer au chien à ne pas sauter sur les visiteurs pour les saluer, mais à rester tranquille en attendant les câlins.

Utiliser le renforcement positif pour enseigner un comportement antagoniste

Lors d'un spectacle, un dauphin avait pris l'habitude de harceler la nageuse qui faisait partie du numéro. Au lieu de le punir, nous l'avons entraîné à appuyer sur un levier au fond du bassin afin d'obtenir un coup de sifflet et un poisson. Bien sûr, nous avons demandé au dauphin d'effectuer cette manœuvre au moment où la nageuse se trouvait dans l'eau. Ainsi, comme il ne pouvait faire deux choses en même temps, il cessa d'importuner la nageuse pour réclamer son poisson. Ces deux comportements sont « antagonistes ». Vous pouvez utiliser cette technique pour obtenir de votre chien qu'il reste couché à l'entrée de la cuisine, ce qui l'empêchera de mendier de la nourriture à l'heure des repas.

Utiliser la procédure d'interruption

Il arrive qu'un dauphin se comporte mal, par exemple en faisant preuve d'agressivité envers l'entraîneur. Quand cela se produit, l'entraîneur tourne le dos au mammifère, prend ses accessoires et le seau de poissons et quitte les lieux pour une minute complète. C'est la fin de la récréation. Le dauphin se risque alors à sortir la tête de l'eau, avec une expression consternée : « Qu'ai-je fait ? » Si ce manège se répète plusieurs fois, le dauphin finira par se calmer. Avec un chien, il suffit d'isoler l'animal quelques instants.

La procédure d'interruption est utilisée avec fruit par les entraîneurs des aquariums pour éliminer l'agressivité et d'autres comportements inacceptables envers les nageurs, même avec des animaux dominants comme les épaulards mâles. Cette procédure peut néanmoins constituer une source d'angoisse pour les animaux et doit être utilisée avec modération.

L'attitude juste

L'utilisation du renforcement représente une importante charge de travail pour l'entraîneur ; ce dernier doit faire preuve de créativité. Il serait sans doute plus facile de faire comme tout le monde : « Si le chien fait un dégât, mettez-lui le nez dedans ; s'il ne vient pas au pied, tirez brusquement sur sa laisse… » En réfléchissant bien à ce que vous allez renforcer, vous deviendrez un meilleur maître et votre comportement judicieux fera de vos séances d'entraînement une véritable partie de plaisir et non une corvée.

Du point de vue de l'animal, cet entraînement n'est pas un simple apprentissage de choses à éviter (c'est-à-dire obéir à des consignes pour éviter les ennuis). Il s'agit plutôt d'une forme d'entraînement qui lui permet de se sentir de plus en plus à l'aise dans son milieu et de maîtriser certains éléments de son environnement. Par exemple, une fois que le dauphin a compris la signification du coup de sifflet, l'entraînement devient vite un jeu de devinettes où l'animal essaie de découvrir comment faire siffler l'entraîneur. Ce jeu comporte des règles strictes, identiques des deux côtés. Voilà pourquoi les dauphins apprécient tant l'obéissance de… leur entraîneur !

L'impact d'un agent de renforcement conditionnel positif est en fait beaucoup plus puissant qu'une simple distribution de friandises. Le fait d'inculquer à votre chien des comportements adéquats par une procédure de conditionnement claire et précise au lieu de vouloir éliminer ses comportements inappropriés l'amènera à vous considérer sous un jour nouveau. Aux yeux de votre chien, vous aurez plus d'autorité que jamais.

Chapitre 2
DES COMPORTEMENTS FACILES À INCULQUER GRÂCE AU CLICKER

Quand on pense à un chien bien élevé, on pense à un chien qui ne saute pas sur les visiteurs, n'aboie pas trop, ne grimpe pas sur le divan, etc. Quand on pense à l'entraînement, on pense à des stratégies pour éliminer les mauvaises habitudes. L'entraînement a traditionnellement pour but d'empêcher un chien de sauter, d'aboyer ou de tirer sur sa laisse. Ainsi, cet entraînement consiste souvent à prévenir les problèmes et à contrôler l'animal : donner une poussée à votre chien ou tirer brusquement sur sa laisse pour lui faire faire quelque chose et, s'il se trompe, le corriger par un coup sec sur la laisse jusqu'à ce qu'il apprenne à faire les choses correctement.

L'entraînement au clicker, ou conditionnement opérant, est très différent. L'utilisation du clicker incite les chiens à bien se comporter, mais grâce à une méthode nouvelle. Au lieu d'empêcher le chien de mal faire, nous allons lui enseigner à bien faire : saluer les visiteurs poliment, aboyer en temps et lieu, marcher au pied docilement, ne pas grimper sur le divan, rester sur la pelouse, éviter les plates-bandes de fleurs, etc.

Plusieurs personnes consultent les éducateurs canins comme si elles allaient voir le médecin ou le mécanicien : « Dites-moi ce qui ne va pas et comment y remédier. » Les éducateurs qui utilisent le clicker ne travaillent pas de cette façon ; leur but est de vous enseigner à façonner vous-même les comportements de votre chien. Aussitôt que vous aurez compris le fonctionnement du clicker, vous pourrez obtenir de votre chien n'importe quel comportement.

Il n'existe pas de recette unique pour enseigner un comportement à l'aide du clicker et des friandises. Pour inciter un chien à marcher gentiment aux côtés de son maître sans trop tirer sur la laisse, je peux m'y prendre d'une certaine façon alors que d'autres entraîneurs au clicker adopteront d'autres méthodes tout aussi valables. La suite de cet ouvrage constitue un mode d'emploi simple qui n'est pas à appliquer à la lettre, mais qui vous permettra d'acquérir une bonne base. Vous pouvez commencer l'entraînement par les comportements de votre choix, mais votre chien se pliera plus facilement à certains d'entre eux. Vous pouvez les inclure tous dans la même séance si vous le souhaitez. Allez-y !

Si vous avez des difficultés, consultez le chapitre 3, « Des conseils pour le clicker », ou le chapitre 4, « Le forum de questions ». Il est fort probable que, tout au début, d'autres personnes éprouvent les mêmes problèmes que vous. Vous pouvez aussi apprendre et étudier cet art par vous-même grâce à la méthode des essais et des erreurs. Souvenez-vous que chaque séance d'entraînement diffère des autres et que chaque chien réagit à sa manière. Utilisez votre imagination et vivez à plein cette expérience. Il arrive aussi que les animaux comprennent les choses plus vite que les humains ! Soyez patient et surtout… amusez-vous !

La base

Le conditionnement opérant est un processus de participation active, comme la danse ou la musique en duo. Vous ne l'apprendrez pas en ne faisant que lire sur le sujet : vous apprendrez par la pratique. Vous aurez donc besoin de deux ou trois minutes de votre temps et de quelques friandises pour votre animal. Pour une séance d'entraînement au clicker, nous recommandons une trentaine de friandises irrésistibles : bouts de saucisse, morceaux de fromage, bouchées de poulet. Ces friandises devraient être de la taille d'un pois. Si vous possédez un terrier maltais, un seul morceau représente une belle surprise ; mais, si vous avez un danois adulte, donnez-lui plusieurs morceaux à la fois pour qu'il se rende bien compte qu'il a reçu un vrai cadeau.

Cela dit, il vaut mieux éviter les friandises commerciales. Plus tard, vous pourrez en apporter quelques-unes, propres et sèches, dans votre poche et les utiliser dans des milieux diversifiés pour renforcer des comportements acquis. Mais il est préférable de commencer avec de la nourriture fraîche et appétissante, facile à mastiquer, car l'entraînement au clicker se fonde sur une synchronisation parfaite du clic avec l'attribution de la friandise. Le rythme fait partie du processus d'apprentissage. Si le rythme était fréquemment brisé par de longues mastications, le chien pourrait se lasser. Assurez-vous, au moins au début, que le chien avale tout rond vos récompenses ; très rapidement, vous pourrez aller de l'avant sur le chemin de la communication.

La première séance

Cette première séance peut durer seulement quelques minutes, mais vous aurez besoin de tranquillité et de silence ; arrangez-vous pour ne pas être interrompu. Après tout, vous et votre chien vivez une situation d'apprentissage privilégiée.

Choisissez un endroit calme où vous êtes à l'aise. Le salon ou la cuisine, par exemple ; dehors, il y aurait trop de sources de distraction pour le chien. Attendez d'être seul avec votre animal. Si vous avez d'autres animaux, éloignez-les momentanément.

Placez les friandises à votre portée, mais non à la portée de votre chien. Préparez-vous à vous déplacer dans la pièce durant la séance ; pas question de rester assis sur le divan. En vous voyant bouger, le chien se déplacera plus facilement.

Au début, certains chiens paraissent peu intéressés par les renforçateurs alimentaires, mais cela ne constitue pas un obstacle. Une fois qu'ils auront saisi la signification du clicker, l'enthousiasme surgira spontanément. Par ailleurs, il est recommandé de tenir votre première séance juste avant l'heure habituelle du repas de votre chien : si l'animal a faim, il sera d'autant plus intéressé à cette activité. Cette séance doit être courte.

Et les chiots ?

Il est possible de commencer l'entraînement au clicker de votre chiot le jour de son arrivée chez vous. Contrairement à l'entraînement traditionnel avec collier et laisse, l'utilisation du clicker ne présente aucun inconvénient. Vous n'avez donc pas à attendre que le chiot atteigne un certain âge pour l'entraîner. De plus, les chiots raffolent de friandises ; et chercheront des façons de vous faire cliquer. Ils apprennent souvent plus rapidement que les chiens plus âgés.

Que votre chien ait six mois, six ans ou douze ans, vous pouvez l'initier au clicker. Peu importe son âge, sa race, son sexe, son caractère, il aura du plaisir à jouer avec vous : l'entraînement au clicker est une technique de prédilection.

Voici quatre exercices de base pour commencer la séance :

- Assis, couche !
- Viens !
- Marche au pied
- 101 choses à faire avec une boîte

Vous pouvez débuter avec n'importe quel exercice. Pour certains chiens, certains exercices sont plus faciles que d'autres. Si, au bout de trois ou quatre séances, vous n'obtenez que des résultats modestes, passez à l'exercice suivant et revenez plus tard à l'exercice plus difficile.

Assis, couche !

La description qui suit est basée sur le travail du béhavioriste Gary Wilkes.

Dès le début, ayez vos friandises à la portée de la main. Cliquez en maintenant la friandise juste sous le museau du chien afin qu'il puisse s'en emparer facilement. Déplacez-vous légèrement et recommencez plusieurs fois : clic et friandise. Cela permet au chien d'établir une correspondance entre ces deux éléments. Variez légèrement la durée de l'intervalle qui sépare le clic de la récompense ; celle-ci peut survenir immédiatement après, ou une seconde ou deux plus tard. N'oubliez pas que le clic doit toujours précéder la friandise. Il faut que votre main, celle qui donne la friandise, reste calme. Entre deux mouvements, cachez-la derrière votre dos pour ne pas donner à votre chien de faux indices par des tremblements involontaires. Parfois, vous pouvez faire une pause de quelques secondes après une friandise : cela permet à votre chien de mieux prendre conscience de l'importance du clic. Ensuite, cliquez et lancez une friandise par terre ou offrez-la sur une assiette, bien à la vue du chien. Aidez-le à la trouver si cela est nécessaire. Vous êtes en train d'enseigner à votre chien que le clic équivaut à de la nourriture, mais le clic ne signifie pas que la nourriture arrive toujours à la même place et au même moment. Refaites cet exercice deux ou trois fois.

Quelques éducateurs répètent ce processus initial de nombreuses fois. Personnellement, je préfère passer rapidement à l'étape suivante. En effet, dès que le chien démontre, en dressant les oreilles, qu'il a bien entendu le clic, il est déjà temps de lui enseigner que son propre comportement peut déclencher le clic.

Première étape

Pour enseigner le « Assis, couche ! », profitez du fait que le chien soit debout pour lui tendre une friandise dans votre poing fermé, juste au-dessus de son front. Vos doigts peuvent toucher sa tête. Si votre chien s'assied, cliquez en lui offrant la friandise. Sinon, déplacez votre main vers l'arrière-train de l'animal, qui suivra du museau votre mouvement. Ainsi, vous l'inciterez à replier ses pattes arrière et à s'asseoir. Cliquez quand le chien commence à s'asseoir, puis ouvrez la main et donnez-lui la friandise. À ce moment, le chien risque de se redresser à nouveau, mais peu importe ! Contrairement à l'entraînement conventionnel, on ne se préoccupe pas de ce que le chien fait après qu'on l'a nourri, mais bien plutôt de ce qu'il fait pour nous faire cliquer au bon moment. Votre clic pousse le chien à se concentrer sur le comportement que vous souhaitez lui inculquer. Il se souviendra de ce qu'il faisait au moment du clic, et ce, sans aucune aide de votre part.

Si votre chien ne s'assied pas du premier coup à votre commandement, soyez patient. Retirez votre main, puis essayez d'inciter le chien à tourner la tête. Évitez d'exercer une pression sur lui ; ne lui dites pas quoi faire. Le lecteur pense sûrement : « Ne pas lui dire quoi faire ? Mais comment fera-t-il pour savoir quoi faire ? » Ne vous inquiétez pas : l'enseignement au clicker fait fi des ordres directs. Nous cherchons d'abord à obtenir le comportement désiré ; plus tard, nous désignerons ce que le chien doit faire par un commandement spécifique.

Que faire si le chien saute sur vous ? Ignorez ce comportement. Aussitôt que le chien se calme, reprenez le même mouvement de la main.

Deuxième étape

Il s'agit maintenant de prolonger la station assise du chien. Maintenez la friandise au-dessus de la tête de l'animal jusqu'à ce qu'il s'assoie. Puis : clic et friandise. Répétez cette manœuvre à plusieurs reprises. Ensuite, faites une variante : quand le chien s'est assis, ne cliquez pas, mais retirez votre main qui contient la friandise. Si le chien reste assis : clic et friandise !

En retardant quelque peu le clic, vous enseignez à votre chien à demeurer assis jusqu'à ce que vous cliquiez. Il n'est pas nécessaire de cliquer plusieurs fois pour encourager votre chien. Pour l'instant, un clic signifie : fin du comportement. En retardant le clic, vous prolongez la durée du comportement. Ne parlez pas au chien et ne le harcelez pas, sinon il pourrait devenir confus. Restez calme.

Troisième étape

Il s'agit maintenant de diminuer la fréquence d'apparition de votre main. Faites d'abord un geste pour amener le chien à s'asseoir; ensuite retirez doucement la main et mettez la récompense sur vos genoux ou derrière votre dos. Si votre chien est toujours assis, c'est parfait : cliquez. Puis, répétez l'opération.

À un moment donné, vous pouvez cesser le mouvement de la main qui incite le chien à s'asseoir. Attendez tout en gardant la main et la récompense sur vos genoux. Si le chien lèche votre main, ignorez ce comportement. Votre espoir, c'est que le chien apprenne peu à peu à s'asseoir tout seul. Bravo ! Clic !

Remarques

Les recherches démontrent que des séances nombreuses et courtes sont plus efficaces que des séances longues et espacées. Les premières séances pourraient ne pas dépasser quatre ou cinq minutes. Arrêtez au moment où vous et votre chien avez encore du plaisir. Vous pourriez ne pas dépasser l'étape 1 ou l'étape 2 lors de la première séance, ou même lors des deux ou trois premières séances.

Par ailleurs, votre chien pourrait s'enthousiasmer au point de vouloir poursuivre longtemps la séance. Il pourrait même se rendre jusqu'à l'étape 5 dès la première séance ! C'est correct aussi. D'autres chiens seront capables d'accomplir les étapes 3 ou 4 avant même de réussir l'étape 2. C'est tout aussi correct. Respectez les capacités du chien et revenez éventuellement à une étape antérieure. Si vous n'avez pu cliquer plus de deux fois, pas de problème : chaque clic compte. L'important, c'est de progresser, même à petits pas.

Si votre chien se lasse dès le début, alors que vous n'en êtes qu'aux rudiments de la méthode, ou si la confusion ou l'impatience vous gagnent, arrêtez immédiatement et revenez-y plus tard. Vous vous rendrez compte que de nombreux apprentissages ont lieu entre deux séances d'entraînement, spécialement si celles-ci sont courtes.

Quatrième étape

Quand le chien pourra rester assis durant quelques secondes sans être aidé ou dirigé par vous, vous pourrez utiliser votre main et la récompense d'une nouvelle façon. Pour amener votre chien à apprendre le « Couche ! », placez votre main (poing fermé sur la récompense) contre son museau alors qu'il est assis. Si vous préparez un concours d'obéissance, vous commencerez le mouvement du « Couche ! » quand le chien est debout, car cela favorise le maintien d'une bonne posture. Ensuite, faites descendre lentement votre poing fermé vers les pattes avant du chien, au plus près de l'animal. Le museau suivra le poing et graduellement le chien se penchera pour ensuite se coucher. Cliquez et récompensez le chien lorsqu'il fléchit les pattes avant pour la première fois. La deuxième fois, retirez délicatement le poing dès qu'il frôle le sol. Si votre chien se couche, très bien : cliquez. S'il se redresse après, c'est sans importance.

Cinquième étape

À un moment donné, quand vous jugerez la chose nécessaire, soyez plus discret dans vos mouvements. Montrez bien au chien que vous avez la friandise entre vos doigts sans toutefois guider son museau comme avant. Patientez un peu. Vous vous attendez maintenant à ce que le chien se couche de lui-même. Vous n'avez pas besoin d'attendre que l'animal soit complètement couché. Cliquez dès que les pattes esquissent une flexion ou dès que la tête penche vers le bas. Votre clic, suivi d'une friandise, informe le chien qu'il est sur la bonne voie : en direction du plancher. Patientez encore un peu. Recommencez, mais cette fois-ci laissez le chien descendre plus bas vers la position couchée avant de le récompenser ; peut-être même le laisserez-vous se coucher complètement.

Recommencez encore et observez bien votre chien : vous pourrez voir, dans son expression, le moment exact où « la lumière s'allume ». Il découvre que, s'il se couche, vous allez cliquer ! Cette découverte est même à la portée de chiots âgés de six à huit semaines. Vous en êtes au point où votre chien décide de s'asseoir de sa propre initiative. Il pourrait même aller jusqu'à s'écraser au sol. Si cela se produisait, démontrez votre joie, non pas en cliquant à plusieurs reprises (un seul clic suffit), mais en le récompensant généreusement de plusieurs friandises : un événement rare que nous appelons le « gros lot » !

Pour vous, il s'agit d'une séance d'entraînement, mais pour le chien, c'est un véritable processus de réflexion. Quand il découvre qu'en se couchant et en conservant cette position il vous fait cliquer et gagne des friandises à volonté, il a appris quelque chose de prodigieux. Et cet apprentissage ouvrira d'autres portes. C'est une leçon capitale pour le chien qui saura s'en réjouir à sa manière.

Remarques

Il est judicieux de commencer chaque nouvelle séance d'entraînement par une révision des étapes précédentes. Si vous avez atteint l'étape 5 et que votre chien se couche tout seul, commencez la séance par une révision rapide de l'étape 4 en guidant le chien vers le « Couche ! ». Patientez et cliquez si vous obtenez un « Couche ! » presque réussi. Patientez encore un peu et cliquez pour un « Couche ! » complet. Deux ou trois « clics de révision » vous permettront de lui rafraîchir la mémoire.

Les prochains apprentissages consistent à maintenir le chien plus longtemps dans la position demandée, à rajouter des distractions et à introduire un nouvel indice : un signe de la main, un mot, ou les deux. Pour en arriver là, reportez-vous à la page 54 : « Perfectionnez vos habiletés au clicker ».

Viens !

Enseigner un « Viens ! » convaincant est à la fois simple et difficile. Cela demande de la réflexion, de l'attention et du bon sens.

Première étape

Asseyez-vous par terre et incitez le chien à s'approcher de vous, puis cliquez et récompensez-le. Levez-vous, changez de place, et essayez encore. Recommencez le tout.

Appelez votre chien lorsqu'il se trouve dans une pièce voisine. Cliquez et offrez-lui une friandise s'il s'approche de vous. Faites cela à des moments inhabituels de la journée, quand le chien ne s'y attend pas. Cliquez et donnez une friandise chaque fois que le chien obéit. S'il ne réagit pas, ne lui donnez jamais l'occasion de se reprendre, mais assurez-vous qu'il vous observe lorsque vous rangez le clicker et les friandises. Ou, mieux : assurez-vous qu'il vous voit cliquer et offrir une friandise à un autre chien ou à un chat.

Vos enfants peuvent vous aider. Demandez-leur de se placer aux extrémités d'une pièce. Ensuite, un enfant appelle le chien par son nom. Quand le chien regarde dans sa direction, l'enfant dit : « Viens ! » en tapant sur le sol pour l'attirer. Évitez de montrer la friandise en agitant la main, cachez-la plutôt. Lorsque le chien rejoint l'enfant, cliquez ; l'enfant donne la récompense. Ensuite, l'autre enfant appelle le chien, et ainsi de suite. Même un chiot prendra plaisir à ce jeu : il gambadera joyeusement d'un enfant à l'autre, encouragé par les clics et les friandises.

Deuxième étape

Refaites tout cela à l'extérieur. Si votre chien aime ce jeu, faites-le avec trois personnes. L'une d'entre elles tient le chien au moyen d'une longue laisse et les deux autres l'appellent à tour de rôle. Rappelez-vous que l'élément essentiel de l'apprentissage n'est ni la nourriture ni l'appel, mais bien le clic lorsque le chien rejoint la personne. C'est à ce moment que l'apprentissage a lieu.

Emmenez votre chien en promenade. Là où c'est possible, détachez-le. De temps en temps, appelez-le, qu'il soit proche ou loin. Puis, cliquez et donnez-lui une friandise lorsqu'il vient à vous. Si le chien vous ignore, faites une vingtaine de pas avant de recommencer.

En laisse, si votre chien tire, raccourcissez la laisse et immobilisez-vous un instant. Laissez le chien tirer jusqu'à ce qu'il y renonce. Appelez-le, même s'il n'est pas loin de vous. Lorsqu'il tourne la tête, cliquez et récompensez-le. Ne tirez pas brusquement sur la laisse et ne criez pas, car cela lui enseignerait que le « Viens ! » entraîne des conséquences fâcheuses.

Chaque fois que vous appelez votre chien et qu'il vient à vous, assurez-vous de cliquer. Si vous n'avez pas votre clicker, clappez de la langue ou remplacez le clic par les mots « Bon chien ! ». Ce n'est pas aussi précis, mais c'est mieux que rien. Ne laissez pas votre chien courir librement en public sans avoir obtenu d'abord un résultat convaincant avec le « Viens ! ». Cela pourrait vous prendre plusieurs semaines, surtout si votre chien ignore les « Viens ! » depuis des années. Avec un chiot, cet apprentissage se fera en quelques jours.

Troisième étape

Lorsque vous laisserez votre chien aller à l'extérieur sans laisse, faites-le d'abord dans un endroit clôturé et plutôt ouvert. Laissez le chien sentir partout à sa guise, puis dites : « Viens ! ». Vous pouvez donner plus de poids à votre commandement en vous plaçant à genoux dans un geste invitant. Cliquez et distribuez des friandises généreusement, puis rentrez chez vous. Faites de ces expériences des événements agréables.

Si vous vous trouvez à l'extérieur et que votre chien ne vient pas à vous, allez le chercher et mettez-lui la laisse, puis ramenez-le à l'intérieur. Évitez de lui donner plusieurs occasions d'ignorer votre appel : cela ne ferait que lui enseigner à vous désobéir. Ne le punissez pas lorsqu'il arrive auprès de vous : vous ne lui enseigneriez qu'à s'échapper lorsque vous tenterez de l'attraper. Ramenez-le calmement à la maison. Vous pouvez même cliquer et lui offrir une récompense pour vous avoir laissé saisir son collier. Ce dernier geste diminuera sa tendance à rester hors de votre portée.

S'il y a des distractions, comme des écureuils dans un parc, utilisez-les en guise de renforçateurs. Par exemple, emmenez votre chien au parc en l'attachant à une longue laisse. Laissez-le renifler partout. De temps en temps, appelez-le. S'il vient, cliquez ; mais, au lieu de lui donner une récompense, détachez la laisse et laissez-le poursuivre les écureuils. Finalement, rattrapez votre chien, remettez-lui sa laisse et rentrez à la maison. Cela semble contraire à la logique, mais chaque fois que le chien fait l'expérience d'un renforçateur, il est plus à même de venir vers vous sur appel.

Parfois, même s'il a l'habitude d'accourir vers vous sur appel, il peut arriver que votre chien semble soudainement devenu sourd à votre voix. Voici quoi faire : appelez-le une fois pour lui donner l'occasion d'obéir; s'il ne vient pas, ramenez-le directement à la maison sans aucun arrêt, ni pour sentir ni pour jouer. La prochaine fois que vous sortirez, il devrait se comporter convenablement. Évidemment, ce remède est inutile si le chien n'a pas déjà acquis le comportement de venir joyeusement vers vous.

Quatrième étape

Le « Viens ! » est un commandement très important qui vous assure l'attention de votre chien tout au long de sa vie. Profitez des événements du quotidien pour renforcer le rappel (l'arrivée rapide de votre chien vers vous). Par exemple, de temps en temps, lorsque vous lui servez son repas ou que vous lui donnez un os, ou lorsque vous voulez jouer avec lui, appelez-le, peu importe où il se trouve. Quand il arrive, cliquez et donnez-lui son dîner ou son os; ou lancez-lui la balle ou le frisbee.

La plupart des chiens adorent les promenades en auto. Si vous emmenez le vôtre, utilisez le « Viens ! » et renforcez son arrivée par l'ouverture de la portière pour le laisser monter. Faites en sorte que, durant toute la vie de votre chien, le « Viens ! » annonce un événement heureux en l'accompagnant de temps en temps d'une surprise agréable.

Marche au pied

Cette technique s'appelle le « façonnement ». Au lieu de nous acharner à obtenir un comportement parfait du premier coup, comme nous le faisons dans l'entraînement traditionnel, nous allons « construire » le comportement par approximations successives. Il existe de nombreuses manières de façonner un comportement ; en voici quelques-unes pour enseigner au chien la marche au pied avec une laisse relâchée. Si votre chien est enclin à tirer fort sur sa laisse, vous devrez d'abord lui désapprendre cette habitude. Quoi qu'il en soit, n'oubliez jamais ce conseil : utilisez votre intelligence et non vos muscles.

Première étape

Emmenez votre chiot ou votre chien dans une pièce tranquille ou dans l'entrée, là où vous avez de la place pour circuler. Attirez-le à votre gauche en tapotant votre cuisse et en l'appelant par son nom. Lorsqu'il obéit, cliquez et donnez-lui une friandise.

Faites ensuite un pas en avant de la jambe gauche et incitez votre chien à vous suivre, soit à l'aide d'un mot, soit en tapotant votre cuisse. Ne l'attirez pas au moyen d'une friandise : cela ne lui enseignerait qu'à suivre les friandises. Ce que vous désirez, c'est lui enseigner à vous suivre, vous ! S'il vous suit, stoppez, cliquez et récompensez-le. Évitez de lui donner sa friandise pendant qu'il vous suit : si votre chien mange au moment où il exécute le comportement qu'il doit apprendre, il sera confus. L'endroit précis où il se trouve lorsqu'il reçoit sa récompense est sans importance. Ce qui importe, c'est qu'il soit proche de votre jambe lorsque vous cliquez.

Recommencez ce début d'exercice. Si votre chien vous suit immédiatement, cliquez, arrêtez de marcher, récompensez-le. Ensuite, faites trois pas avant de cliquer. Ne cliquez que si le chien se trouve à côté de vous. Faites demi-tour et incitez votre chien à vous suivre en refaisant l'exercice dans une autre direction. Cliquez à chaque troisième pas. Si le chien est toujours à votre côté, cliquez au quatrième ou cinquième pas.

Deuxième étape

Ajoutez des variantes. Faites plus de pas avant de cliquer. Marchez plus vite, plus lentement. Facilitez la tâche à votre chien. Évitez de crier s'il s'éloigne ; attendez simplement qu'il revienne vers vous pour cliquer.

Au moment de tourner ou de changer de direction, ne cliquez que si votre chien reste proche de votre jambe. Essayez un arrêt complet. Cliquez si votre chien reste proche de vous durant l'arrêt. Accélérez la cadence, puis ralentissez. Vous devriez cliquer toutes les cinq à dix secondes, mais soyez sûr d'avoir une bonne raison pour chaque clic. Les séances d'entraînement doivent être courtes : quelques minutes suffisent.

Troisième étape

Allez dehors. Par souci de sécurité, mettez votre chien en laisse et enroulez-la autour de votre taille. Ainsi, vous ne céderez pas à la tentation de donner des coups de laisse ou de retenir votre chien s'il vous tire. Certains chiens, plus fonceurs, tirent constamment leur maître qui, lui, s'acharne à les retenir ! Revenez à l'exercice et cliquez au troisième pas, puis au cinquième, ou au dixième — à n'importe quel intervalle. Vérifiez combien de temps le chien reste à votre côté et faites-en votre niveau de base.

Lorsque le chien sera en mesure de marcher à votre côté assez longtemps, en ligne droite et sans perdre intérêt, ajoutez des variantes: tournez brusquement, décrivez des courbes. Les chiens adorent ce jeu et tenteront de deviner votre trajet en restant proche de votre jambe. Faites en sorte que le jeu soit assez difficile, mais pas trop: le chien doit pouvoir expérimenter de nombreux succès.

Que faire si votre chien voit ou sent quelque chose d'intéressant et qu'il veut explorer les environs ? Que faire s'il fonce au bout de sa laisse ou se met à tirer dessus ? Arrêtez tout. Restez tranquille. Le chien aura beau tirer sur sa laisse, rien ne se passera. Quand il se calmera, cliquez et récompensez-le. Au fil de vos promenades, vous pouvez vous montrer de plus en plus exigeant: laissez le chien découvrir que, lorsqu'il tire trop, tout s'arrête et plus rien d'intéressant ne se produit. Par ailleurs, quand la laisse est lâche, vous allez vers un autre chien, une autre personne ou vers d'autres choses intéressantes à explorer.

Votre but avec le clicker est d'enseigner à votre chien à maintenir la laisse relâchée. Petit à petit, il en prendra l'habitude et vous n'aurez besoin que de le stimuler (au moyen de récompenses et de clics) une fois ou deux lors de chaque promenade. En peu de temps, votre chien aura appris les « bonnes manières en laisse ».

Une étape pour les fonceurs invétérés

Une procédure aussi simple qu'un clic tous les troisième ou quatrième pas, suivi d'un arrêt pour la récompense, le tout répété à chaque promenade, devrait être suffisante pour convaincre les chiens fonceurs de marcher plus convenablement. Assurez-vous de vous arrêter de temps en temps pour laisser le chien renifler et fouiller les alentours. Ce plaisir devrait être accordé au chien comme une récompense pour ne pas avoir tiré sur sa laisse, et non comme un privilège dont il sera privé s'il vous tire où il veut.

Que faire si votre chien entreprend la promenade en tirant sur sa laisse et en vous ignorant ? Enroulez la laisse autour de votre taille. Si vous avez un gros chien, ancrez-vous solidement au sol. Ensuite, vous pouvez utiliser son besoin de fouiller comme un renforçateur. S'il tire, plantez solidement vos pieds à terre et ne bougez plus. Ne dites rien. Si votre chien vous regarde, tapotez votre jambe. S'il relâche la laisse ou s'il vient vers vous, cliquez et remettez-vous à marcher. Il va probablement foncer aussitôt au bout de sa laisse, surtout s'il l'a fait durant des années. Répétez l'opération : arrêt, relâchement de la laisse, clic, et en avant.

Lors de cette première séance, vous ne pourrez peut-être pas avancer plus d'un pas à la fois. Vous risquez de vous lasser ; soyez donc prêt à interrompre la séance après un délai assez court. Lorsque vous serez fatigué de ce petit jeu d'arrêt et de reprise, ramenez le chien à la maison ou à l'auto. Essayez encore le lendemain. Tôt ou tard, le chien capitulera : au lieu de foncer vers l'avant, il vous attendra. C'est seulement alors qu'il aura droit à un clic et à une récompense.

Une étape facile

Parfois, on peut corriger facilement les habitudes d'un chien fonceur à l'aide d'une méthode simple : chaque fois qu'il relâche la laisse, cliquez et récompensez-le. Emmenez votre chien en promenade comme d'habitude, mais attachez la laisse à votre ceinture. Lors de ses fouilles, lorsque le chien relâche la laisse, cliquez et récompensez-le. Après une promenade d'une dizaine de minutes, vous observerez une amélioration.

Encore mieux ! Vous pouvez faire la même chose avec deux chiens ! Lorsque les deux laisses sont relâchées, cliquez et récompensez les chiens. Cependant, soyez attentif : si vous aviez l'habitude de laisser vos chiens vous tirer, vous aurez peut-être du mal à déceler les brefs moments où ils ne tireront pas. Ont-ils fait un arrêt pour renifler un buisson, gratter le sol, se soulager ? Peu importe la raison : si les chiens s'arrêtent, cliquez et récompensez-les. Cela peut servir de remède rapide. Deux ou trois promenades en quelques jours peuvent suffire, surtout si votre coordination est bonne.

Le Gentle Leader[1]

Le Gentle Leader est une sorte de licou pour chien, semblable à celui des chevaux. Il se fixe sur le museau et autour du cou du chien ; et on attache la laisse sous la mâchoire. Le chien peut ouvrir la gueule aisément, car ce n'est pas une muselière. Cependant, quand l'animal tire, le Gentle Leader lui fait ployer la tête vers le bas et, comme il ne

1. Le Gentle Leader est aussi vendu dans certains magasins sous le nom de Halti. (NDT)

peut plus voir où il va, il cesse de tirer. Cette méthode n'exige aucun exercice particulier. Vous ne faites que tenir la laisse en marchant. Au début, votre chien cherchera peut-être à se débarrasser de cette pièce de harnais, mais il finira par s'en accommoder et par maintenir la laisse lâche. C'est une excellente solution temporaire pendant l'entraînement du chien, et une solution permanente pour un propriétaire frêle ou pour un enfant accompagné d'un chien énorme[2].

101 choses à faire avec une boîte

L'entraînement au clicker doit rendre votre chien plus docile mentalement et cette expérience peut être agréable pour vous deux.

Première étape

Munissez-vous d'une boîte de carton de n'importe quelle dimension, coupez-la pour qu'elle ait une hauteur de trois pouces (huit centimètres), puis déposez-la par terre. Cliquez lorsque votre chien regarde la boîte et offrez-lui une récompense. Si le chien frôle la boîte, même accidentellement, cliquez et jetez la récompense près de la boîte ou même à l'intérieur. Si le chien fait un pas en direction de la boîte pour gober la friandise, cliquez pour lui faire comprendre qu'il a bien agi et donnez-lui une autre friandise. S'il pénètre dans la boîte, cliquez encore. Même s'il est toujours en train de mastiquer une friandise, offrez-lui-en une autre dans votre main.

---

2. Il ne faut jamais donner de coup sec avec le Gentle Leader. (NDT)

Il est possible de faire faire à votre chien quelques exercices avec la boîte. Cliquez s'il se dirige vers elle. Tantôt, lancez la friandise dans la boîte pour qu'il aille l'y chercher; tantôt, gardez-la dans votre main pour qu'il vienne à vous. Si votre chien refuse d'entrer dans la boîte, c'est sans importance: il a compris qu'il a mérité une friandise. Si les récompenses s'accumulent dans la boîte, ce n'est pas grave: lorsqu'il se décidera à y aller, il aura droit à un festin. Vous pouvez interrompre la séance avant le festin. Récupérez les friandises et conservez-les pour une séance ultérieure. Rappelez-vous ceci: ne récompensez votre chien qu'après avoir cliqué, et cliquez toujours pour une bonne raison (une action adéquate, un mouvement approprié, etc.).

Si vous voulez absolument que votre chien ait sa récompense, vous pouvez vous déplacer dans la pièce en maintenant la boîte de carton entre vous et lui. Cela augmentera la probabilité que votre chien avance vers la boîte. Évitez de l'appeler, ne tapotez pas sur la boîte, ne l'encouragez pas, ne l'aidez pas. Ces artifices le rendraient plus méfiant. Cliquez s'il s'approche de la boîte et récompensez-le. Si vous faites entendre cinq ou six clics à votre chien après qu'il s'est dirigé vers la boîte de carton ou qu'il l'a frôlée, c'est excellent, même si le chien a perdu tout intérêt ou s'il s'est éloigné après le clic. Vous pouvez toujours revenir au jeu de la boîte de carton plus tard. Entre chaque séance, les renforçateurs feront leur effet et amélioreront les choses.

Vous êtes en train d'enseigner à votre chien un nouveau jeu. Si vous l'avez déjà entraîné avec des méthodes traditionnelles, il a l'habitude d'attendre qu'on lui dise quoi faire. Cependant, la première règle de ce nouveau jeu est la suivante : s'il fait quelque chose de sa propre initiative, il sera récompensé. Dans ce cas, le jeu de la boîte de carton est très efficace : le moindre progrès peut être amusant, même s'il est invisible aux yeux d'un témoin. Il peut même être invisible à vos propres yeux…

Deuxième étape

Terminez la première séance avec un clic gratuit et un festin, par exemple une poignée de friandises. Voilà toute une leçon ! La prochaine fois que la boîte de carton apparaîtra, votre chien sera aux aguets : des clics, des friandises, des festins. « Cette boîte a le don de modifier mes comportements, mais tout compte fait, je l'aime, ce jeu ! J'aime faire des choses de ma propre initiative ! » Vous verrez, votre chien aura plein de nouvelles idées.

Si votre chien est méfiant, vous aurez peut-être à refaire ce premier exercice plusieurs fois. Votre chien pensera alors : « Je constate que le clic entraîne une récompense délectable, et cette boîte n'est pas un piège : c'est un signal qui annonce que l'heure du clic et de la friandise a sonné. »

Les apprentissages qui précèdent peuvent ou non se dérouler au cours de la même séance. Voici tout de même quelques comportements susceptibles d'entraîner un clic : pénétrer dans la boîte ; pousser la boîte ; jouer avec la boîte ; toucher la boîte de la patte ou du museau ; sentir la boîte ; tirer la boîte ou la soulever ; etc. Autrement dit, n'importe quelle activité avec la boîte !

Souvenez-vous de cliquer pendant que le chien émet le comportement souhaité, et non après. Dès que vous cliquerez, le chien interrompra son action, bien sûr, pour venir chercher sa récompense. Toutefois, comme le clicker aura fixé le comportement dans son esprit, le chien cherchera à le répéter pour obtenir un autre clic. Ainsi, aucun comportement n'est jamais perdu.

Vous pouvez terminer la séance en demandant au chien de faire toutes sortes de choses avec la boîte. Formidable ! Votre chien est déjà en train de résoudre certains problèmes de façon créative ! Si vous ne savez plus quel comportement mérite le clic, offrez le festin et terminez la séance. Et ce sera à votre tour de méditer entre les séances !

Vous pouvez aussi avoir recours à une méthode plus lente, qui exige plus de vigilance, où le chien répète prudemment le geste pour lequel vous venez de cliquer. Par exemple, il met une patte dans la boîte. Parfait. Cependant, vous devez cliquer avec discernement, sinon vous risquez de ne plus savoir pour quel comportement vous devez cliquer. Une patte, un clic ; une patte, un clic ; une patte, un clic. Ce n'est pas comme ça que vous arriverez à vos fins.

Ainsi, lorsque le chien commence à maîtriser le comportement désiré et à le répéter, retenez votre clic. Il avance une patte ? Attendez. Votre comportement change ; celui de votre chien change aussi. Le chien peut maintenir sa patte en l'air plus longtemps, c'est bien : c'est un nouveau comportement qui mérite un clic. Il peut aussi la retirer et vous pouvez cliquer à ce moment. Il peut avancer l'autre patte, et vous cliquez. Votre chien pourra encore improviser d'autres comportements.

Maintenant que votre chien a découvert que le fait de jouer avec la boîte semble être l'enjeu de l'exercice, vous disposez d'assez de comportements pour sélectionner ceux qui méritent un clic, c'est-à-dire ceux qui mèneront à un but précis. C'est un peu comme si vous aviez devant vous toutes les lettres de l'alphabet : vous allez choisir les lettres nécessaires pour écrire un mot. Ce processus fait partie du façonnement.

Troisième étape

Examinons quelques variantes et le résultat final : quels comportements parmi les mouvements de votre chien autour de la boîte désirez-vous façonner ?

« Rentre dans la boîte et restes-y ! » À partir du comportement initial, par exemple une patte dans la boîte, cliquez et lancez une friandise. Attendez et observez. Peut-être que votre chien mettra une deuxième patte dans la boîte. Cliquez. Ou peut-être qu'il pénétrera dans la boîte et qu'il attendra votre clic ; il peut aussi attendre l'appel de son nom et recevoir un clic pour s'être approché de la boîte.

Applications

Cet apprentissage peut vous permettre d'envoyer le chien dans son panier et de l'en faire sortir à volonté. Par exemple, j'ai connu une institutrice qui, les jours de fête, emmenait son chien à l'école dans un panier de pique-nique. Lorsqu'elle ouvrait le panier, le chien bondissait en dehors, jouait avec les enfants, puis réintégrait son panier.

Un nouveau comportement : transport de la boîte
Comportement initial : le chien s'empare de la boîte avec ses dents et la soulève du sol.

Applications
Ayant appris que soulever et transporter des objets dans sa gueule peuvent lui valoir une récompense, un chien peut déplacer une boîte ou un panier, ranger des objets ou des jouets dans un coffre, empiler des magazines. J'ai connu un chien qui s'amusait énormément quand on lui commandait de défaire son lit. Il secouait aussitôt les couvertures vigoureusement.

Un nouveau commandement : « Fais basculer la boîte sur toi. »
Je ne sais pas à quoi cela peut servir, mais il n'est pas difficile d'obtenir un tel comportement : il revient souvent dans la liste des « 101 choses à faire avec une boîte ». Si le chien appuie sa patte assez fort sur le bord de la boîte, elle va se renverser.

Notre premier terrier, Skookum, avait découvert qu'il pouvait renverser une corbeille sur lui-même. Ensuite, il la trimbalait sur lui et la corbeille se déplaçait mystérieusement le long des murs. Nos invités n'avaient jamais vu un chien aussi drôle. Comme les terriers adorent que leur maître s'amuse avec eux, les clics et les friandises ne sont pas nécessaires pour entretenir les comportements appris. De plus, Skookum attendait toujours d'être invité à se donner en spectacle avant de s'exécuter.

Perfectionnez vos habiletés au clicker

Quelques variantes

Pour maintenir l'intérêt du chien durant les séances d'entraînement et pour favoriser les progrès, vous pouvez introduire quelques variantes et vous ne cliquerez qu'une fois ces variantes obtenues. Par exemple, voici comment complexifier un simple « Couche ! » : éloignez-vous du chien et cliquez s'il reste couché même si vous avez reculé de quelques pas. Déplacez-vous vers la gauche, vers la droite, sautez sur place, faites un geste bruyant ou stupide. Cliquez si votre chien demeure couché malgré tout. Tournez autour de lui, touchez-le, puis reculez. Cliquez s'il reste couché. S'il se lève, attendez qu'il se couche de nouveau avant de cliquer, puis récompensez-le, bien entendu. Ensuite, reprenez votre manège depuis le début en donnant à votre chien une autre occasion d'expérimenter un couché prolongé pendant vos déplacements.

Jouez au jeu du « Couche ! » dans des endroits différents, par exemple dehors. Ne craignez pas de diriger une fois ou deux votre chien vers la position couchée. Ensuite, attendez qu'il se couche de lui-même et cliquez. La première fois que vous essaierez de cliquer pour un « Couche ! » en terrain inconnu, vous devrez reprendre la procédure depuis le début afin de faciliter la tâche du chien.

La durée du « Couche ! » peut être augmentée à volonté, mais n'exigez pas plus de trente secondes d'un chiot. Pour obtenir une période de trois à cinq minutes de position couchée sans renforcements, le chien doit être suffisamment âgé pour tolérer l'ennui.

Fournir un repère

Un chien qui vient d'apprendre un comportement, par exemple le « Couche ! », s'emploie parfois à vous le servir tout au long de la journée : il accourt et s'écrase à vos pieds où que vous soyez, dans l'espoir d'obtenir une récompense. Voilà le moment idéal pour enseigner à votre chien le mot clé qui déclenchera ce comportement, par exemple : « Couche ! »

En quelques jours, vous enseignerez à votre chien que le fait de se coucher lui vaudra un clic, mais seulement s'il le fait après le mot déclencheur : « Couche ! » Vous voulez qu'il découvre, grâce à la répétition des exercices, que se coucher de sa propre initiative n'entraîne plus ni clic ni récompense. Il doit maintenant attendre le mot clé avant de s'exécuter, et c'est seulement alors qu'il aura droit à sa récompense.

Dites « Couche ! » juste avant que le chien aille se coucher. Cliquez et récompensez-le, puis invitez-le à se relever. Recommencez. Après avoir prononcé deux ou trois fois le mot déclencheur et après avoir renforcé la position couchée, attendez. Laissez votre chien se coucher. Ensuite, invitez-le de nouveau à se relever. Et redites : « Couche ! » Cliquez. Recommencez en cliquant pour le « couché » qui suit le mot déclencheur, mais ignorez la position couchée qu'il adopterait spontanément. Répétez cela une dizaine de fois par jour durant une semaine. Il s'agit là d'un conditionnement répondant. Au début, cette méthode mène plus lentement à des résultats et nécessite davantage de répétitions que le conditionnement opérant. Soyez patient : une fois que votre chien aura appris deux ou trois mots déclencheurs, il sera capable de généralisation et comprendra la signification de ce repère. L'avantage est que, par la suite, d'autres mots déclencheurs pourront lui être enseignés plus rapidement.

Si vous préférez utiliser un geste de la main (beaucoup de chiens obéissent mieux à un geste qu'à un mot, au début du moins), remplacez le mot par un geste de votre choix. Une main abaissée, paume vers le sol, est le geste le plus commun pour désigner le « Couche ! ».

Lorsque votre chien obéit bien à votre geste, essayez-le de plus loin, ou à un moment où l'animal est occupé à autre chose, ou encore s'il se trouve dans un lieu propice aux distractions. Votre clicker sera d'une grande utilité : il enseignera à votre chien à obéir à vos repères verbaux ou gestuels, n'importe où et n'importe quand[3].

3. Voir Karen Pryor, *Don't Shoot the Dog*.

Comment enseigner des comportements variés

Il n'est pas nécessaire de limiter votre entraînement au clicker au programme précédent. Dès le début, vous pouvez cliquer pour d'autres bons comportements chaque fois que vous le jugez approprié. Par exemple, il est très utile de cliquer quand votre chiot fait ses besoins au bon endroit. L'entraînement à la propreté est plus facile si vous prenez la précaution de conserver un clicker et des friandises près de la porte ou dans la poche de votre veste.

Vous pouvez aussi cliquer pour souligner d'autres comportements, par exemple quand le chien reste tranquille pendant que vous le brossez. Vous ne risquez pas de rendre l'animal confus en cliquant pour des comportements différents ; le clic signifie simplement : « Tu l'as ! » Votre chien sera ravi de constater qu'il y a de nombreuses façons d'obtenir des clics ; il ne s'en trouvera que plus intelligent !

Trouvez une autre personne en situation d'apprentissage avec le clicker

Une bonne manière d'apprendre l'entraînement au clicker est de vous mettre à deux, avec un ami qui en est au même stade que vous. Si vous et votre ami avez choisi un point de départ différent, vous ferez tous les deux des découvertes que vous pourrez partager. Et parfois un observateur indépendant peut, mieux que vous, se rendre compte de ce que votre chien fait, spécialement lorsqu'on entraîne un chien à marcher droit lors d'une compétition ou à s'asseoir comme il faut. Une personne peut manipuler le chien et formuler les commandements ; l'autre observe et clique lorsque le chien effectue les comportements demandés. C'est la première personne qui offre les friandises.

Vous pouvez vous relayer dans les rôles de manieur et d'observateur. Vous pouvez manier votre propre chien ou celui de votre ami. De cette manière, pendant que le manieur s'occupe de la laisse, des friandises et du chien, l'observateur peut mieux se concentrer sur le chien et sur les clics. L'entraînement en équipe accélère votre apprentissage et permet au chien de recevoir des consignes plus précises.

Enrichissez votre savoir-faire : utilisez les ressources disponibles

Le conditionnement opérant est beaucoup plus riche que les techniques de base en façonnement décrites ici. Si vous entraînez un chien de travail ou un chien d'obéissance, vous devriez prendre connaissance de tous les livres et de toutes les vidéos qui pourraient vous aider au fur et à mesure que vous progresserez.

Chapitre 3
DES CONSEILS POUR LE CLICKER

Si vous avez bien travaillé au chapitre 2, les conseils qui suivent vous serviront de révision. Sinon, ils permettront aux débutants de corriger leurs erreurs.

Cliquez d'abord ; récompensez le chien ensuite

Avec cette forme d'entraînement, il n'est pas nécessaire de tenir la nourriture à la vue du chien, ni de l'appâter, ni de le guider. Ce que votre chien fait au moment où la friandise lui parvient dans la gueule n'est pas important : il se souviendra plutôt de ce qu'il faisait au moment où il a entendu le clic. Après le clic, vous pouvez ignorer le comportement de votre chien, donner la récompense, puis revenir à l'entraînement.

Ne cliquez que lorsque le comportement souhaité a lieu

Le clic est comme une « flèche acoustique » qui pénètre dans le système nerveux de l'animal pour y imprimer ce message : « Ce que tu es en train de faire à cet instant précis est très payant. » Donc, utilisez le clic au moment propice. Si, par exemple, vous enseignez à votre chien à sauter, ne cliquez pas avant que le chien saute, et ne cliquez pas après qu'il aura sauté. Ne cliquez pas non plus au moment où vous pensez qu'il est sur le point de sauter. Cliquez plutôt lorsque le chien est en l'air. Une fois qu'il a appris à sauter, vous pouvez améliorer son style, par exemple en cliquant lors d'un atterrissage parfait. La friandise viendra plus tard : c'est le clic qui est porteur du message.

Ne cliquez qu'une fois

Résistez à la tentation de multiplier les clics : c'est le moment précis du clic qui est essentiel. Le clic renseigne l'animal sur le comportement que vous attendez de lui. Si vous cliquez sans cesse, l'animal ne pourra reconnaître lequel des clics est le bon et vous n'obtiendrez aucune amélioration. Pire : l'animal pourrait croire qu'un comportement adéquat doit toujours se solder par de nombreux clics.

Évitez d'utiliser le clicker pour éveiller l'attention du chien ou pour l'attirer à vous

Si vous avez eu du mal à attirer l'attention de l'animal auparavant, vous pourriez être tenté d'utiliser le clicker pour ce faire, mais attention ! Si vous appelez votre chien avec le clicker ou si vous cliquez pour le détourner d'une activité intéressante, votre clic perdra son pouvoir d'information pour le chien.

Évitez d'utiliser le clicker pour encourager le chien ou pour commencer un exercice

La question qu'il faut sans cesse se poser est : « Que suis-je en train de renforcer, maintenant ? » Si votre chien hésite ou flâne et si vous cliquez pour l'encourager, vous renforcez en fait son hésitation et sa flânerie. Ne cliquez que pour un comportement cible désiré.

Utilisez des récompenses adéquates

Commencez la séance d'entraînement quand votre chien a faim. Beaucoup de propriétaires font une séance au clicker d'une durée de cinq minutes juste avant le repas du chien. C'est une bonne idée.

Ne laissez pas traîner le bol plein de nourriture toute la journée : nourrissez votre chien à heure fixe. Si vous avez besoin de laisser une certaine quantité de nourriture pour un temps assez long (comme les vétérinaires le recommandent pour la plupart des oiseaux et des petits animaux), retirez la nourriture quelques heures avant la séance d'entraînement.

Les friandises doivent constituer une fraction du repas complet de l'animal. Si vous utilisez beaucoup de friandises, réduisez la portion du repas de votre chien en conséquence.

Au début, quand vous et votre chien faites ensemble l'apprentissage du clicker, utilisez un aliment à la fois savoureux et odorant, et non les croquettes ou les boulettes quotidiennes.

Lorsque vous enseignez des tâches difficiles, intégrez-y quelques exercices plus faciles.

Évitez la routine qui consiste à toujours aller des exercices faciles aux plus difficiles. Votre animal risquerait de détester l'entraînement et de se décourager vite. Il faut plutôt terminer les séances par une tâche facile et agréable que votre animal pourra exécuter sans problème et qui lui vaudra à coup sûr une récompense.

Une fois que l'animal maîtrise un nouveau comportement, même modestement, évitez de cliquer systématiquement pour chaque réaction adéquate

Cliquez et récompensez-le plutôt la deuxième fois que le bon comportement est réussi. Ensuite, omettez-en un autre, puis cliquez et récompensez encore une fois le chien la seconde fois. Nous appelons cela un « deux pour un ». Ainsi, l'animal mémorisera encore mieux ce comportement.

Il peut sembler illogique de croire qu'on puisse obtenir un comportement plus constant en le récompensant moins souvent. Mais il en est ainsi et c'est une des choses les plus importantes à comprendre dans l'entraînement au clicker. Vous aurez peut-être besoin de l'expérimenter à plusieurs reprises avant d'avoir pleinement confiance en cette méthode.

Il est préférable que les séances soient courtes et variées ; évitez de pratiquer les mêmes choses de façon répétitive

Trois séances de cinq minutes chacune sont plus efficaces que trois séances d'une demi-heure. De longues séances vous fatigueraient inutilement, vous et votre chien. Les éducateurs expérimentés savent qu'un comportement acquis par façonnement et par des renforçateurs ne s'oublie pas de sitôt. Grâce au clicker, vous communiquez de façon précise et directe avec votre animal. Celui-ci se souviendra des comportements que vous lui aurez enseignés ; il sera disposé à les reproduire pour vous, et ce, même si des jours, des semaines et des mois se sont écoulés entre les séances.

Attendez-vous à des progrès

L'entraînement conventionnel requiert du chien qu'il exécute un comportement parfait dès le premier commandement : « Au pied ! » Ce commandement signifie : « Marche à côté de moi où que j'aille. » Il s'agit ensuite de refaire la même chose jusqu'à ce que l'animal maîtrise parfaitement ce comportement. Façonner un comportement tel que nous le préconisons, au moyen de renforçateurs, équivaut à construire ce comportement peu à peu. L'animal découvre lui-même comment gagner des renforçateurs à chaque étape. Cette procédure exige une créativité subtile de la part de l'éducateur ; par contre, la progression de l'animal peut être très rapide.

Il peut arriver que l'apprentissage piétine : l'animal ne progresse plus. Soyez persévérant ! Cette stagnation est souvent suivie d'un immense pas en avant. Il est recommandé alors de commencer chaque séance par une révision des choses apprises précédemment.

Si votre chien « oublie » un comportement qu'il maîtrisait, revenez au début de la procédure

Il arrive qu'une modification mineure de l'environnement perturbe un animal. Par exemple, un chien qui se plaçait au pied instantanément sur commande ou qui accourait comme une flèche lorsque vous l'appeliez peut se comporter comme s'il n'avait jamais entendu un tel ordre auparavant lorsqu'il se trouve dans un endroit inconnu. Ne criez pas ! Revenez au premier commandement pour lequel vous aviez cliqué au début de l'entraînement, même s'il s'agit d'un ordre simple : « Viens ! » Ensuite, continuez l'entraînement habituel jusqu'à l'obtention du comportement désiré en procédant par difficultés croissantes, comme vous l'aviez fait lors du façonnement antérieur, mais cette fois-ci dans cet environnement inhabituel. Vous pouvez garder votre chien en laisse par mesure de sécurité.

Nous aimons appeler cela le « retour à la maternelle ». Cette révision rapide du processus de façonnement constitue le plus souvent tout ce dont vous avez besoin pour permettre au chien de réapprendre ce comportement dans un milieu différent. Vous aurez peut-être besoin de plusieurs séances, mais votre chien apprendra beaucoup plus rapidement que la première fois. Si la révision réussit en une seule séance, assurez-vous d'offrir à votre chien un festin en guise de récompense.

Ne croyez pas que vous pouvez lire dans les pensées de votre chien

S'il est parfois possible de deviner, à l'attitude d'un chien, ses sentiments ou ses préférences, il est par ailleurs impossible de savoir à coup sûr pourquoi il se sent ainsi ou pourquoi il fait une telle chose. Ce n'est, au mieux, qu'un jeu de devinettes.

Si votre chien n'exécute pas ce que vous attendiez de lui, vous trouverez toujours quelqu'un dans votre entourage qui en « connaît » la raison : il est stressé, il sait ce qu'il fait, il veut se venger, il est trop dominant, il a dû être maltraité, etc. On ne manquera pas de vous dire comment remédier à ce problème (né de leur imagination), le plus souvent à l'aide d'une punition.

N'écoutez pas ces gens ! Si votre chien semble oublier soudainement un comportement qu'il maîtrisait bien, ne perdez pas votre temps à vous demander pourquoi. Il est possible que vous n'en sachiez jamais la raison. Peut-être que votre chien était convaincu que la chose ne fonctionnait que lorsque vous portiez des pantalons bleus, et vous portez aujourd'hui des pantalons beiges. Retournez en maternelle, révisez les étapes du façonnement et renforcez les plus faciles jusqu'à ce que le bon comportement réapparaisse.

Terminez la séance sur un succès

Il est toujours tentant, lorsqu'on obtient du chien un comportement impeccable, de vouloir qu'il le reproduise jusqu'à ce qu'il fasse une erreur ou que le comportement s'estompe. C'est une erreur. Donc, arrangez-vous pour terminer la séance avec un exercice facile à réussir, ce qui plaira à votre chien. Si vous sentez que l'animal ne progresse plus ou si vous désirez interrompre la séance, passez à un exercice simple qu'il réussira sans peine et qui lui vaudra un clic; et c'est seulement alors que vous pourrez arrêter.

Ayez du plaisir !

Si vous êtes frustré, arrêtez: vous ne pouvez pas vous adonner à ce genre d'entraînement quand vous êtes en colère. Attendez un peu et essayez plus tard. L'éducatrice canine Catherine Crawmer nous dit que l'accessoire le plus important de l'entraînement par renforçateurs est une tasse de thé ! Si vous êtes irrité, asseyez-vous, buvez du thé et réfléchissez. Ne montrez pas votre colère à votre chien: cela ne lui enseignerait rien de valable. Il prendrait simplement conscience que vous êtes un être imprévisible.

Chapitre 4
LE FORUM AUX QUESTIONS

Au secours ! Je ne sais pas par quoi commencer !

Évitez de commencer par des problèmes. Le clicker est un outil pour faire naître un comportement et non pour l'annihiler. Une bonne manière de commencer consiste à « aller à la pêche » pour obtenir un comportement nouveau. Si votre chien maîtrise déjà les comportements décrits au chapitre 2, choisissez un comportement simple, par exemple tourner en rond, saluer, donner la patte, tourner les pages d'une revue. Vous pouvez vous servir de ce comportement comme point de départ.

Mon chien a peur du clicker.

Le chien a peur du clicker parce qu'il ne sait pas ce qu'un clic signifie. Il lui manque une information capitale et cela le rend méfiant.

Certains chiens associent toute nouvelle expérience avec… une visite chez le vétérinaire.

Ne vous préoccupez pas trop de cette peur; essayez plutôt de transmettre à votre chien une information juste. Vous pouvez atténuer le son du clicker en cliquant dans votre poche ou avec la main dans le dos. Vous pouvez aussi enrouler plusieurs couches de ruban adhésif sur la partie métallique de l'objet. Cliquez juste une fois au moment de lui servir son repas, en lui lançant une friandise ou en lui remettant son jouet favori. Cliquez dans votre poche lorsque vous faites entrer ou sortir votre chien, ou encore en passant la porte lors d'une sortie à deux. Trouvez un prétexte pour utiliser le clicker. Ce prétexte doit annoncer une activité plaisante. Faites cela plusieurs fois durant la journée et le soir.

Que faire si le chien n'aime pas les friandises ou refuse de travailler pour en avoir ?

J'ai connu un berger allemand qui faisait la fine bouche et refusait de travailler pour des friandises. Pourtant, lorsque son maître avait le dos tourné, il glanait des restants de poulet dans les poubelles. Voyant cela, j'ai enseigné au chien, avec l'aide du clicker et de quelques morceaux de poulet, à suivre du museau le bout d'un bâton, le tout en moins de cinq minutes. Moralité : dès le début, utilisez une friandise affriolante !

Il est vrai que certains chiens ont raison de se méfier des friandises : des friandises gratuites peuvent avoir eu, dans le passé, des conséquences désagréables. Alors, si votre chien est méfiant, allez-y lentement. Cliquez et récompensez-le plusieurs fois de suite, et ce, deux fois par jour, à n'importe quel moment et pour tout bon comportement.

Vous pouvez vous placer près du bol de votre chien pour y lancer une friandise après chaque clic. Même s'il est méfiant, il entendra la nourriture tomber dans son bol. Aussitôt qu'il se rendra compte que vous n'essayez pas de le tromper, il croquera sa friandise. Et, dès qu'il aura maîtrisé l'art de vous faire cliquer, il se mettra à adorer les friandises !

Comment faire si j'ai plus d'un chien ?
Travaillez avec un seul chien à la fois et éloignez l'autre. Bien sûr, ce dernier entendra les clics, mais ne recevra aucune récompense. Il ne sera pas confus : il sera simplement pressé d'avoir son tour.

Combien de temps devrait durer une séance d'entraînement ?
Nous recommandons des séances de cinq minutes. Les chercheurs ont démontré que les animaux, ainsi que les personnes, apprennent mieux lorsque les séances sont nombreuses et courtes puisqu'elles sont plus agréables et moins ennuyeuses que les longues séances.

Puis-je enseigner plusieurs comportements lors d'une même séance ?
Oui, bien sûr. Vous pouvez enseigner les commandements « Viens ! », « Assis ! », « Au pied ! », et quelques autres au cours d'une seule séance. Cependant, il ne faut pas tenter de modifier plusieurs

aspects d'un comportement quelconque. Si, par exemple, vous travaillez sur le comportement « Trotte avec queue en l'air ! » (un comportement élégant pour les compétitions), cliquez s'il fait ce que vous désirez obtenir, mais évitez de crier si votre chien, malgré son bon comportement, traîne un peu de la patte. « Ne pas traîner » constitue un autre comportement qu'il faut travailler séparément.

Je donne des cours d'obéissance canine avec plusieurs chiens et plusieurs personnes dans une même pièce. Je ne sais pas comment travailler avec dix personnes qui cliquent toutes en même temps.
En réalité, il est possible d'utiliser les clickers dans la classe; plusieurs éducateurs le font régulièrement. Les chiens peuvent mieux que nous distinguer les sons les uns des autres. Et ils savent très bien où est leur maître et quel clic leur est destiné.

Si vous êtes éducateur canin et que trop de clics dans la classe vous dérangent, choisissez un mot clé : « oui », « O.K. », ou « bien » ; et dites aux participants d'utiliser le clicker chez eux. Ainsi, ils emploieront le mot clé en public ou durant les cours. Je connais un éducateur qui utilise les lettres de l'alphabet dans ses cours : une personne dit « B » ; une autre, « K », etc. Ou choisissez un mot bref et retentissant, comme « zot » ou « zap ».

Un clic verbal, comme un mot clé, n'est pas aussi spécifique et précis que le son du clicker. Voilà pourquoi il n'est pas adéquat pour enseigner au chien de nouvelles habiletés ou de nouveaux comportements; mais il peut servir à maintenir et à consolider des comportements acquis. Plusieurs personnes peuvent aussi utiliser un toucher particulier, par exemple un léger tapotement sur la tête du chien ou sur son dos. Il s'agit là d'un substitut du clic qui s'avère précieux lors d'une démonstration.

Que se passe-t-il si je commets une erreur lors de l'entraînement ? Est-ce que je peux saboter l'apprentissage ?

Si vous commettez une erreur, riez et contentez-vous de caresser votre chien. Il nous arrive à tous de cliquer trop tôt ou trop tard ou de cliquer par erreur pour un comportement différent du comportement souhaité, ou encore de rater une occasion en or de cliquer. Au cours du processus d'entraînement, vous bénéficierez de très nombreuses occasions de cliquer au bon moment afin de communiquer à votre chien ce que vous désirez obtenir. Un renforcement inapproprié occasionnel reste sans conséquence ; par contre, une punition inadaptée peut entraver le processus d'apprentissage. L'entraînement au clicker est à la fois un processus créateur, interactif, cumulatif. Et il y a toujours de la place pour l'erreur.

Que faire si le chien commet une erreur ?

Ne cliquez pas. Évitez de crier « Non ! », de donner un coup de laisse ou de pousser le chien. Si vous ajoutez des punitions, des réprimandes, ou si vous usez de contraintes contre le chien, vous ne l'aidez pas à comprendre la signification des clics. Contrairement à ce que croient de nombreux éducateurs canins, un système de punitions ne favorise aucunement l'apprentissage chez l'animal. Par contre, on risque d'étouffer dans l'œuf l'intérêt du chien pour l'entraînement.

Et si le chien saute en l'air, me mordille les doigts, s'empare de la nourriture sur le comptoir, s'échappe, dois-je le punir ?

Certaines personnes pensent que, dès qu'on use de renforçateurs positifs, on ne réprimande plus jamais le chien ou on ne le contrôle plus jamais physiquement. Ce n'est pas réaliste : la laisse fait partie intégrante de la vie d'un chien. Il est nécessaire de garder un chien en laisse lorsque vous visitez des lieux nouveaux, si vous vous aventurez dans la circulation ou parmi des chiens inconnus. Bien entendu, vous devez apprendre à votre chien le sens du mot « non » pour l'empêcher de vous mordiller les doigts, de grignoter vos vêtements ou de ronger les pattes des meubles. Souvenez-vous que l'action juste au moment juste est une chose essentielle lors de la correction d'un mauvais comportement et lors du renforcement. Votre intervention doit avoir lieu au moment même où le comportement se produit. Pas après. Ni quand vous pensez qu'il pourrait se produire.

Il est possible que la réprimande et les cris puissent interrompre un comportement, mais ce ne sont pas de bons moyens d'enseigner à un chien un nouveau comportement. Pour ce faire, les clics et les friandises sont nettement plus efficaces. Quant au vol de nourriture, au renversement des poubelles, etc., il vous appartient de soustraire toute tentation à la vue du chien jusqu'à ce qu'il ait appris ce qu'on attend de lui.

Le chien doit-il me respecter et me craindre si je veux qu'il m'obéisse ?

Vous constaterez que plus votre chien apprendra à faire des choses, plus il aura confiance en vous. De ce fait, vous pourrez lui faire comprendre facilement ce qu'il ne doit pas faire. En outre, l'entraînement avec renforçateurs favorise chez lui le désir de faire les choses de son gré : il comprend de quoi il s'agit et pressent le résultat attendu. C'est de la confiance à l'état pur.

Quand dois-je dire au chien quoi faire ?

On peut donner un commandement au chien aussitôt que le comportement est acquis. D'abord, il apprend que s'asseoir est un bon comportement qui lui vaut clic et friandise. Ensuite, il apprend que ce comportement ne lui vaut une récompense que lorsque vous dites : « Assis ! » C'est ainsi que ce mot devient un repère signifiant que l'animal doit avoir tel comportement s'il veut recevoir ses friandises.

Si nous entraînons le chien à l'aide de punitions, par exemple des coups de laisse, il est juste de l'avertir avant les coups. Ainsi, il s'agit de dire : « Au pied ! » avant de donner un coup de laisse. Pour le chien, ce commandement signifie : « Vite, au pied du maître, sinon il me frappera ! » Le chien apprend le bon comportement pour éviter une punition.

Grâce à l'entraînement au clicker, on découvre qu'il n'y a aucun avantage à dire des mots dénués de sens à son chien, et ce, jusqu'à ce qu'il ait appris le comportement demandé. Dans l'entraînement traditionnel, le commandement est un avertissement, une menace. Par contre, dans l'entraînement avec renforçateurs, le repère déclenche un comportement spécifique acquis.

Que faire si mon chien n'obéit pas à mes repères ?

Cela se produira si vous n'avez pas fixé le repère dans le bon contexte. Par exemple : à la maison, votre chien vient vers vous lorsque vous l'appelez ; par contre, au parc, entouré d'écureuils, il semble soudainement sourd à vos appels. Cela ne prouve pas qu'il est désobéissant, mais bien plutôt que vous ne l'avez pas suffisamment entraîné dans des environnements différents. Il convient donc d'éduquer le chien en laisse d'abord, puis sans laisse progressivement : « Viens ! » (dans des endroits différents) ; « Viens ! » (de loin) ; et, finalement, « Viens ! » (même s'il y a des écureuils). Vous y arriverez plus vite et plus efficacement en façonnant le comportement une étape à la fois plutôt qu'en vous fâchant ou qu'en punissant l'animal pour ses échecs.

Quand puis-je cesser d'offrir des friandises ?

Le clic et la friandise sont des outils pour inculquer au chien de nouveaux comportements ou pour enseigner ces comportements dans des contextes différents. Une fois que le chien a appris ces comportements, il n'est plus nécessaire de lui donner des récompenses, ou alors une fois de temps en temps.

Que dois-je faire si je veux participer à des cours d'obéissance ou à des concours ?

Le clicker est un outil formidable qui vous servira à expliquer à votre chien la tâche que vous attendez de lui, depuis le commandement « Au pied ! » jusqu'à des exercices plus complexes de discrimination olfactive. De plus en plus d'éducateurs canins utilisent cette méthode qui préconise l'usage de renforçateurs au lieu des punitions, et ce, autant pour les chiens de compagnie que pour les chiens policiers. De nouveaux livres et des vidéos sont en préparation. Malgré tout, le clicker est encore une idée révolutionnaire. Adoptez-la ! Nous, les pionniers, avons besoin de votre contribution !

Pourquoi utiliser le clicker pour les classes d'entraînement à l'obéissance alors qu'on ne peut utiliser ni le clicker ni les récompenses lors des compétitions ?

Le clicker et les friandises ne sont que des outils qui servent à l'apprentissage d'un comportement. Une fois que vous vous trouvez en pleine compétition, les comportements devraient être acquis. De plus, vous devriez avoir remplacé le clic par un mot clé, et la friandise par des caresses et des compliments. Le clicker et les friandises ne sont donc plus nécessaires le jour de la compétition.

Les chiens qui échouent en compétition sont le plus souvent des chiens qui ont été entraînés au moyen de punitions. En compétition, les maîtres sont autorisés à complimenter leur chien mais non à le punir ; voilà pourquoi l'entraînement avec renforçateurs vous donne un avantage sur le plan de la communication avec votre chien.

Mon chien a déjà suivi plusieurs cours d'obéissance ; comment puis-je harmoniser l'entraînement au clicker à ce qu'il connaît déjà ?

Il est préférable de ne pas superposer le nouvel entraînement à l'ancien, du moins jusqu'à ce que vous soyez tous les deux familiarisés avec le nouveau système. Un éducateur spécialisé en obéissance, Morgan Spector, a troqué les méthodes traditionnelles d'enseignement contre le clicker et il appelle les chiens qu'il entraîne des « transfuges ». Ces chiens et ces maîtres ont des choses à désapprendre et d'autres à apprendre. Les entraîneurs canins habitués aux méthodes conventionnelles ont du mal à apprendre l'entraînement au clicker : c'est plus difficile pour eux que pour les débutants.

Évitez de commencer les séances avec des comportements que votre chien maîtrise déjà. Commencez plutôt par des choses nouvelles.

Peut-on entraîner au clicker des chats ou d'autres animaux ?

Oui, tout à fait. Les chiens et les chevaux travaillent pour nous faire plaisir ou pour éviter de nous faire fâcher. Du moins, c'est ce que nous nous plaisons à penser. Les animaux sauvages, et d'autres comme les chats, les lapins, les oiseaux, ne semblent pas intéressés par nos signes de reconnaissance. Si nous essayons d'obtenir quelque chose d'eux par la force, ils paniquent, ripostent, cherchent à se soustraire à notre emprise. Nous en concluons, à tort, qu'ils sont indépendants, désobéissants ou rebelles à l'entraînement.

Tous les animaux peuvent apprendre où aller et quoi faire pour trouver leur nourriture. L'entraînement au clicker repose sur cette habileté naturelle. C'est ainsi qu'un chat, par exemple, peut apprendre rapidement, grâce au clicker, où se placer (sur le banc du piano) et quoi faire (appuyer la patte sur une touche) pour mériter des morceaux de thon. Qui a entraîné qui ? Le chat est convaincu que c'est lui qui vous a dompté.

Une telle méthode fonctionne-t-elle avec les enfants ?
Oui. Complimenter les enfants lorsqu'ils font ce qui vous convient est beaucoup plus efficace que de les réprimander lorsqu'ils font des bêtises et de leur demander de payer les pots cassés. Les enfants préfèrent eux aussi la méthode révolutionnaire !

Et avec les conjoints ?
Bien sûr ! Tout le monde aime les renforçateurs positifs. Au mieux, les conjoints et les enfants apprendront à utiliser la technique à leur tour : ainsi, vous recevrez vous aussi des renforçateurs positifs. Rappelez-vous ceci : l'entraînement au clicker n'est pas une chose que vous faites aux animaux ou aux personnes : c'est une chose que vous faites AVEC eux. Tout le monde aime cela et tout le monde y gagne.

TABLE DES MATIÈRES

DANS LA MÊME COLLECTION

Dr Joël Dehasse
Mon chien est bien élevé
L'abc de l'éducation
le jour, éditeur

Chantale Robinson
Mon animal mange-t-il bien ?
le jour, éditeur
COLLECTION GUIDE PAS BÊTE

Chantale Robinson
Premiers soins pour chiens et chats
le jour, éditeur
COLLECTION GUIDE PAS BÊTE

Françoise Philie
Le toilettage maison
SHA
le jour, éditeur
COLLECTION GUIDE PAS BÊTE

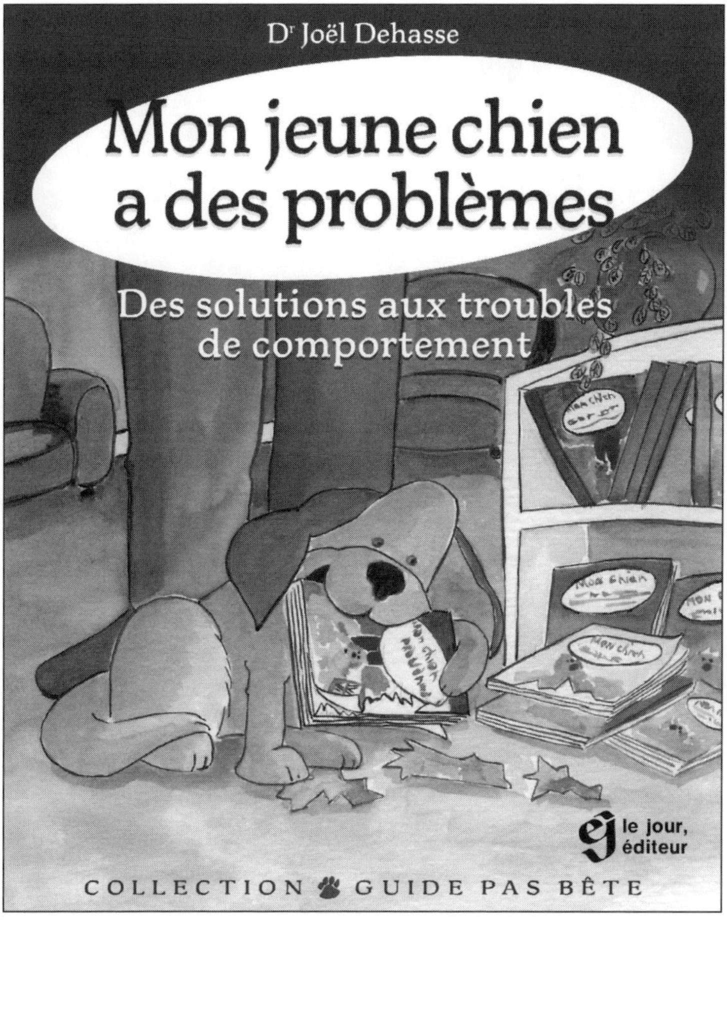
Dr Joël Dehasse
Mon jeune chien a des problèmes
Des solutions aux troubles de comportement
le jour, éditeur
COLLECTION GUIDE PAS BÊTE

Dr Joël Dehasse
Mon chien est-il dominant?
le jour, éditeur
COLLECTION GUIDE PAS BÊTE

LES ÉDITIONS DE L'HOMME

À LA DÉCOUVERTE DE SOI

Pédagogie et vie familiale

Attention, parents !, Carol Soret Cope
Bébé joue et apprend, Penny Warner
Comment aider mon enfant à ne pas décrocher, Lucien Auger
Les douze premiers mois de mon enfant, Frank Caplan
L'enfance du bonheur – Aider les enfants à intégrer la joie dans leur vie, Edward M. Hallowell
Fêtes d'enfants de 1 à 12 ans, France Grenier
Le grand livre de notre enfant, Dorothy Einon
L'histoire merveilleuse de la naissance, Jocelyne Robert
Ma sexualité de 0 à 6 ans, Jocelyne Robert
Ma sexualité de 6 à 9 ans, Jocelyne Robert
Ma sexualité de 9 à 11 ans, Jocelyne Robert
Parlez-leur d'amour et de sexualité, Jocelyne Robert
Petits mais futés, Marcèle Lamarche et Jean-François Beauchemin
Préparez votre enfant à l'école dès l'âge de 2 ans, Louise Doyon
Te laisse pas faire ! Jocelyne Robert

Collection «Parents aujourd'hui»

Ces enfants que l'on veut parfaits, Dr Elisabeth Guthrie et Kathy Mattews
Ces enfants qui remettent tout à demain, Rita Emmett
Comment développer l'estime de soi de votre enfant, Carl Pickhardt
Des enfants, en avoir ou pas, Pascale Pontoreau
Éduquer sans punir, Dr Thomas Gordon
L'enfant en colère, Tim Murphy
L'enfant dictateur, Fred G. Gosman
L'enfant souffre-douleur, Maria-G. Rincón-Robichaud
Interprétez les rêves de votre enfant, Laurent Lachance
Mon ado me rend fou !, Michael J. Bradley
Parent responsable, enfant équilibré, François Dumesnil
Questions de parents responsables, François Dumesnil
Voyage dans les centres de la petite enfance, Diane Daniel

Collection «Alter ego»

Communication efficace – Pour des relations sans perdant, Linda Adam's
La personne humaine — Développement personnel et relations interpersonnelles, Yves St-Armaud
Petit code de la communication, Yves St-Armaud
S'aider soi-même – Une psychologie par la raison, Lucien Auger
Les secrets de la communication – Les techniques de la PNL, Richard Bandler et John Grinder
Vaincre ses peurs, Lucien Auger

VIVRE EN BONNE SANTÉ

Soins et médecine

L'arthrite — méthode révolutionnaire pour s'en débarrasser, Dr John B. Irwin
La chirurgie esthétique, Dr André Camirand et Micheline Lortie
Cures miracles — Herbes, vitamines et autres remèdes naturels, Jean Carper
Dites-moi, docteur..., Dr Raymond Thibodeau
L'esprit dispersé, Dr Gabor Maté
Guide critique des médicaments de l'âme, D. Cohen et S. Cailloux-Cohen
Le Guide de la santé — Se soigner à domicile, Clinique Mayo
Maux de tête et migraines, Dr Jacques P. Meloche et J. Dorion
La pharmacie verte, Anny Schneider
Plantes sauvages médicinales — Les reconnaître, les cueillir, les utiliser, Anny Schneider et Ulysse Charette
Tout sur la microtransplantation des cheveux, Dr Pascal Guigui

Alimentation

Les 250 meilleures recettes de Weight Watchers, Weight Watchers
L'alimentation durant la grossesse, Hélène Laurendeau et Brigitte Coutu
Les aliments et leurs vertus, Jean Carper
Les aliments miracles pour votre cerveau, Jean Carper
Les aliments qui guérissent, Jean Carper
Bonne table et bon cœur, Anne Lindsay
Bonne table, bon sens, Anne Lindsay
Comment nourrir son enfant, Louise Lambert-Lagacé
La cuisine italienne de Weight Watchers, Weight Watchers
Les desserts sans sucre, Jennifer Eloff
Devenir végétarien, V. Melina, V. Harrison et B. C. Davis
La grande cuisine de tous les jours, Weight Watchers
Le juste milieu dans votre assiette, Dr B. Sears et B. Lawren
Le lait de chèvre un choix santé, Collectif
Manger, boire et vivre en bonne santé, Walter C. Willett
Mangez mieux selon votre groupe sanguin, Karen Vago et Lucy Degrémont
Ménopause — Nutrition et santé, Louise Lambert-Lagacé
Nourrir son cerveau, Louise Thibault
Les recettes du juste milieu dans votre assiette, Dr Barry Sears
Le régime Oméga, Dr Barry Sears
La sage bouffe de 2 à 6 ans, Louise Lambert-Lagacé
La santé au menu, Karen Graham
Vaincre l'hypoglycémie, O. Bouchard et M. Thériault
Variez les couleurs dans votre assiette, James A. Joseph et Dr Daniel A. Nadeau
Le végétarisme à temps partiel — Le plaisir de manger sans viande, Louise Desaulniers et Louise Lambert-Lagacé

Bien-être

Les allergies, Dr Christina Scott-Moncrieff
Au bout du rouleau?, Debra Waterhouse
Les bienfaits de l'eau — H_2O, Anna Selby
Bien vivre, mieux vieillir — Guide pratique pour rester jeune, Marie-Paule Dessaint
Le corps heureux — Manuel d'entretien, Thérèse Cadrin Petit et Lucie Dumoulin

Découvrez la méthode Pilates, Anna Selby et Alan Herdman
En 2 temps 3 mouvements — Le corps heureux, Thérèse Cadrin Petit et Lucie Dumoulin
Le massage thaïlandais, Maria Mercati
La méthode Pilates pendant la grossesse, Michael King et Yolande Green
Mettez du feng shui dans votre vie, George Birdsall
Mouvements d'éveil corporel — Naître à son corps, méthode de libération des cuirasses MLC, Marie Lise Labonté
Le plan ayurveda, Anna Selby et Ian Hayward
Le plan détente — Formule antistress, Beth Maceoin
Le plan détox, Dr Christina Scott-Moncrieff
Qi Gong — Méthode traditionnelle chinoise pour rester jeune et en santé, L.V. Carnie
Vaincre les ennemis du sommeil, Charles M. Morin
Le yoga — Maîtriser les postures de base, Sandra Anderson et Rolf Sovik

TEMPS LIBRE

Sports et loisirs

Le canot, Collectif
Le golf de vos rêves, Dr Bob Rotella et Bob Cullen
Le guide des terrains de golf du Québec, Pierre Allard
Les nœuds – Le grand livre pratique, Geoffrey Budworth
La pêche en eau douce, Collectif
Pêcher la truite à la mouche, Collectif

Loisirs

Apprécier l'œuvre d'art, Francine Girard
Belles voitures de toujours, Jacques Gagnon
Ciel de nuit, Terence Dickinson
La taxidermie moderne, Jean Labrie

Sports

L'arc et la chasse – Équipement, techniques de tir, technique de chasse, Greg Guardo
Le cerf de Virginie – Techniques et tactiques de la chasse, Collectif
Comment je joue au golf, Tiger Woods
Comment vaincre la peur de l'eau et apprendre à nager, Roger Zumbrunnen, Jean Fouace et Brigitte Raboud
Devenir gardien de but au hockey – Un plan de développement indispensable au débutant, François Allaire
Guide de mise en forme – Activités physiques, activités sportives, santé, équipement, alimentation, Sous la Direction de Pierre Harvey
Jouer au golf sans viser la perfection, Bob Rotella et Bob Cullen
Leçons de golf, Claude Leblanc et Jeannot Petit
Manuel de pilotage – Le livre qui vous permettra de vous envoler vers l'aventure !, Transport Canada
Les Nordiques de Québec, Benoît Clairoux
La plongée sous-marine – Introduction à la plongée Nitrox, Richard Charron et Michel Lavoie
Pour l'amour du ciel – Le parachutisme sportif au Québec, Bernard R. Parker
Santé et bien-être par l'aquaforme, Nancy Leclerc

Plein air

Le guide de survie de l'armée américaine, Armée américaine
Guide d'orientation avec carte, boussole et GPS, Paul Jacob
Guide pratique de survie en forêt, Jean-Georges Deschenaux
Le Saint-Laurent, un fleuve à découvrir, Marie-Claude Ouellet

Collection ‹‹Guide complet du bricoleur››

Les aménagements paysagers, Black & Decker
Les carrelages en céramique et en pierre, Black & Decker
Guide complet des travaux extérieurs, Black & Decker
Guide complet pour rénover sa maison, Black & Decker
La maçonnerie, Black & Decker
La menuiserie, Black & Decker
La peinture et la décoration, Black & Decker
La plomberie, Black & Decker
Les portes et fenêtres, Black & Decker
Les revêtements de sol — Projets de conception, de planification et d'installation des revêtements de sol de tous genres, Black & Deckerv
Les terrasses, Black & Decker
Les travaux d'électricité, Black & Decker
Les travaux simples d'ébénisterie — 50 objets faciles à fabriquer, Black & Deckerv

VIVRE AVEC LA NATURE

Flore

Arbres et arbustes thérapeutiques, Anny Schneider
Découvrir la flore forestière, Michel Sokolyk
Explorer la flore du Québec, Michel Sokolyk
Fleurs sauvages du Québec, Estelle Lacoursière, Julie Therrien et Michel Socolyk

Faune

Fabuleuses baleines et autres mammifères marins du Québec, Marie-Claude Ouellet
Fabulous Whales and Other Marine Mammals of Eastern Canada, Marie-Claude Ouellet
Nos oiseaux en péril — Pouvons-nous encore les sauver ?, André Dion
Les oiseaux et l'amour, Jean Léveillé

le jour, éditeur

FAITS ET GENS

Documents et essais

L'histoire des femmes au Québec — Depuis quatre siècles, Collectif Clio

À LA DÉCOUVERTE DE SOI

Psychologie, psychologie pratique et développement personnel

Adieu — Apprenez à rompre sans difficulté, Dr Howard M. Halpern
L'agressivité créatrice — La nécessité de s'affirmer, Dr George R. Bach et Dr Herb Goldberg
Aimer son prochain comme soi-même, Joseph Murphy
L'amour impossible — La folie nécessaire au cœur, Jan Bauer
L'amour lucide — Sachez équilibrer vos besoins d'intimité et d'autonomie, Gay Hendricks et Kathlyn Hendricks
Ces hommes qui ne communiquent pas, Steven Naifeh et Gregory White Smith
Ces vérités vont changer votre vie, Joseph Murphy
Choisir qui on aime — De la dépendance à l'autonomie, Howard M. Halpern
Le cœur en paix — Apprendre à pardonner, Mariah Burton Nelson
La culpabilité — Pour en finir avec la culpabilité et l'autopunition, Lewis Engel et Tom Ferguson
Dominez vos peurs, Vera Peiffer
L'effet Mozart — Les bienfaits de la musique sur le corps et l'esprit, Don Campbell
L'éveil de votre puissance intérieure — Reprenez le contrôle de votre vie, Anthony Robins
La fille de son père — Guérir la blessure dans la relation père-fille, Linda Schierse Leonard
Le harcèlement psychologique — Ces gens qui drainent votre énergie, Daniel Rhodes et Kathleen Rhodes
Harmonisez votre corps et votre esprit — Avec la programmation neurolinguistique, Ian McDermott et Joseph O'Connor
L'intuition — Une voix qui ne trompe pas, Penney Peirce
Mesurez votre intelligence émotionnelle, S. Simmons et J. C. Simmons Jr.
Le miracle de votre esprit, Dr Joseph Murphy
Le mythe de la fragilité — Décelez la force méconnue des femmes, Dr George R. Bach et Dr Herb Goldberg
L'oracle de votre subconscient — I-Ching : le livre des transformations, Dr Joseph Murphy
Osez dire non ! — Ne dites pas oui quand vous voulez dire non, Vera Peiffer
Le pouvoir créateur de la colère, Harriet Goldhor Lerner
Les pouvoirs de la visualisation — Développez la puissance de votre imagination, Rachel Charles
La puissance de la pensée positive, Norman Vincent Peale
La puissance de votre subconscient — Le secret d'une puissance prodigieuse à votre portée, Dr Joseph Murphy
Quand l'amour ne va plus — Échapper à l'emprise d'un conjoint manipulateur, Ann Jones et Susan Schechter
Quand on peut on veut — Êtes-vous prêt à faire face au changement, Lynne Bernfield
S'affirmer — Savoir prendre sa place, Robert. E. Alberti et Michael. L. Emmons
Le succès par la pensée constructive, Napoleon Hill

La survie du couple — Une approche simple, pratique et complète, John Wright
Triomphez de vous-même et des autres, Dr Joseph Murphy
Y a-t-il des perfectionnistes heureux ?, Monica Ramirez Basco

Sexualité

Comment faire l'amour à une femme, Michael Morgenstern
Comment faire l'amour à un homme, Alexandra Penney
Comment faire l'amour ensemble, Alexandra Penney

Pédagogie et vie familiale

L'effet Mozart sur les enfants — Éveiller l'imagination et la créativité par la musique, Don Campbell
Enseignants efficaces — Enseigner et être soi-même, Dr Thomas Gordon
Parents efficaces — La méthode sans perdant, Dr Thomas Gordon

Spiritualité

Les chemins de l'éveil — Explorer les valeurs essentielles de la vie, Dr Roger Walsh
Comment peut-on pardonner ? — Vivre en paix les uns avec les autres, Robin Casarjian
La méditation — Voie de la lumière intérieure, Laurence Freeman
La parole du silence — Redécouvrir l'art de la méditation chrétienne, Laurence Freeman
Sagesse amérindienne — Traditions et enseignements des Indiens Cherokee, Dhyani Ywahoo
S'initier à la méditation — Guide pour débutants, Manon Arcand
Un monde de silence — Lettres à ceux qui méditent, Laurence Freeman
Un mot dans le silence, un mot pour méditer, John Main
La vie vaut la peine d'être vécue — Préface de la Sainteté le Dalaï-Lama, Bo Lozoff
Les voies de l'émerveillement — Découvrez l'ampleur de votre force intérieure, Guy Finley

Astrologie, ésotérisme et arts divinatoires

Le grand livre de la cartomancie, Gerhard von Lentner

Soins et médecine

Les enfants hyperactifs et lunatiques, Dr Guy Falardeau
L'ostéoporose — Prévenir, traiter et vaincre la maladie, Dr Miriam E. Nelson
Questions réponses sur la maladie d'Alzheimer — Guide à l'usage de la famille et des proches, Dr Denis Gauvreau et Dr Marie Gendron

Bien-être

Votre corps vous écoute — Ces mots qui vous rendent malade, Barbara Hoberman Levine

VIVRE EN SOCIÉTÉ

Psychologie, psychologie pratique et développement personnel

Leaders efficaces, Thomas Gordon
Vivre, c'est vendre, Jean-Marc Chaput

VIVRE AVEC LA NATURE

Collection « Mon chien de compagnie »

L'amstaff (American Staffordshire terrier), Dr Joël Dehasse
Le basset hound, Dr Joël Dehasse
Le bâtard, Dr Joël Dehasse
Le beagle, Dr Joël Dehasse
Le berger allemand, Dr Joël Dehasse
Le berger belge, Dr Joël Dehasse
Le bichon frisé, Dr Joël Dehasse
Le bichon maltais, Dr Joël Dehasse
Le bobtail, Dr Joël Dehasse
Le bouvier bernois, Dr Joël Dehasse
Le bouvier des Flandres, Dr Joël Dehasse
Le boxer, Dr Joël Dehasse
Le braque allemand, Dr Joël Dehasse
Le braque de Weimar, Dr Joël Dehasse
Le bull-terrier, Dr Joël Dehasse
Le cairn terrier, Dr Joël Dehasse
Le caniche, Dr Joël Dehasse
Les caniches nains et moyens, Dr Joël Dehasse
Le cavalier King Charles, Dr Joël Dehasse
Le chihuahua, Dr Joël Dehasse
Le chow-chow, Dr Joël Dehasse
Le cocker américain, Dr Joël Dehasse
Le cocker spaniel, Dr Joël Dehasse
Le colley, Dr Joël Dehasse
Le dalmatien, Dr Joël Dehasse
Le doberman, Dr Joël Dehasse
Le dogue allemand (le danois), Dr Joël Dehasse
L'épagneul breton, Dr Joël Dehasse
Le fox-terrier à poil dur, Dr Joël Dehasse
Le golden retriever, Dr Joël Dehasse
Le husky, Dr Joël Dehasse
Le Jack Russell terrier, Dr Joël Dehasse
Le labrador, Dr Joël Dehasse
Le lhassa apso, Dr Joël Dehasse
Le loulou de Poméranie, Dr Joël Dehasse
Le pékinois, Dr Joël Dehasse
Le pit-bull, Dr Joël Dehasse
Le rottweiler, Dr Joël Dehasse
Le saint-bernard, Dr Joël Dehasse
Les schnauzers, Dr Joël Dehasse
Le setter anglais, Dr Joël Dehasse
Le shar-peï, Dr Joël Dehasse
Le sheltie, Dr Joël Dehasse
Le shih-tzu, Dr Joël Dehasse
Le teckel, Dr Joël Dehasse
Le terre-neuve, Dr Joël Dehasse
Le westie, Dr Joël Dehasse
Le yorkshire, Dr Joël Dehasse

Collection « Guide pas bête »

Mon chien est bien élevé — L'ABC de l'éducation, Dr Joël Dehasse
Mon chien est-il dominant ?, Dr Joël Dehasse
Mon chien est propre — L'ABC de la propreté canine, Audrey Carr et Lou Ellen Davis
Mon jeune chien a des problèmes — Des solutions aux troubles de comportement, Dr Joël Dehasse
Premiers soins pour chiens et chats, Chantale Robinson
Le toilettage maison, Françoise Philie
Votre animal mange-t-il bien ?, Chantale Robinson

Collection « Vivre avec nos animaux »

Le chien qui vous convient, Dr Joël Dehasse

Collection « Nos amis les animaux »

Le chat de gouttière, Nadège Devaux
Le chat himalayen, Nadège Devaux
Chats hors du commun, Dr Joël Dehasse
Chiens hors du commun, Dr Joël Dehasse
Le chinchilla, Dr Manon Tremblay
Le cochon d'Inde, Dr Michèle Pilotte
Le furet, Dr Manon Tremblay
La gerbille, Dr Manon Tremblay
Le hamster, Dr Manon Tremblay
Le lapin, Dr Manon Tremblay
Le lézard, Dr Michèle Pilotte
Le persan chinchilla, Nadège Devaux
Les persans, Nadège Devaux
Le rat, Dr Manon Tremblay
Le serpent, Guy Deland
Le siamois, Nadège Devaux
La souris, Dr Manon Tremblay

Collection « Nos amis les oiseaux »

Attirer les oiseaux, les loger, les nourrir, André Dion, Paul Favreau et Michel Marseille
Le cockatiel (perruche callopsite), Dr Michèle Pilotte
Les inséparables, Dr Michèle Pilotte
Le perroquet, Dr Michèle Pilotte
La perruche ondulée, Dr Michèle Pilotte
Les pinsons, Dr Michèle Pilotte
Le serin (canari), Dr Michèle Pilotte

Collection « Des animaux et des hommes »

Bien vivre avec son chat, Connie Jankowski
Les chats nous parlent, Bash Dibra et Élizabeth Randolph
Le chien, un loup civilisé, Evelyne Teroni et Jennifer Cattet
Les chiens nous parlent, Jan Fennell
Comme un chien, Jean Lessard

L'éducation du chat, Dr Joël Dehasse
L'éducation du chien, Dr Joël Dehasse
Parlez-vous chat ?, Claire Bessant

Collection « Aquarium »

L'aquarium d'eau douce, Nick Fletcher
L'aquarium tropical d'eau de mer, Dick Mills
L'aquarium tropical d'eau douce, Gina Sandford
Les carpes, des poissons de toutes les couleurs, K. Holmes, T. Pitham et N. Fletcher
L'étang de jardin, Graham Quick

Achevé d'imprimer au Canada
sur les presses des Imprimeries Transcontinental Inc.